夢馬

穿行诗与思的边界

Was ist Macht ?

Byung-Chul Han

什么是权力？

[德] 韩炳哲　著
王一力　译　毛竹　校

中信出版集团 | 北京

图书在版编目（CIP）数据

什么是权力？ /（德）韩炳哲著；王一力译 . -- 北京：中信出版社，2023.7（2025.11重印）
书名原文：Was ist Macht？
ISBN 978-7-5217-5382-0

I. ①什… II . ①韩… ②王… III . ①权力－研究 IV . ① D033

中国国家版本馆 CIP 数据核字（2023）第 033661 号

什么是权力？

著者：[德] 韩炳哲
译者：王一力
校者：毛　竹
出版发行：中信出版集团股份有限公司
（北京市朝阳区东三环北路 27 号嘉铭中心　邮编　100020）
承印者：嘉业印刷（天津）有限公司

开本：787mm×1092mm 1/32　　印张：5.25　　字数：87 千字
版次：2023 年 7 月第 1 版　　印次：2025 年 11月第 2 次印刷
京权图字：01-2023-0938　　书号：ISBN 978–7–5217–5382–0
定价：58.00 元

目 录

前 言

Vorwort

关于权力概念，仍然存在理论上的混乱。这一现象如此不言而喻，概念本身却如此晦暗不明，二者形成了鲜明对比。对一些人来说，权力意味着压制。对另一些人来说，权力是一种建构性的交往要素。法学、政治学和社会学的权力概念不可调和地相互对立。权力有时关乎自由，有时与胁迫相连。有人认为，权力建立在集体行动之上。其他人则认为，它与斗争相结合。有人把权力和暴力截然分开。对其他人来说，暴力仅仅是一种强化的权力形式。权力有时与法律相关，有时与专断相结合。

鉴于这种理论上的混乱，应当寻找一个灵活的权力概念，能够把不同的权力观念统一起来。需要制定一种权力的基本形式，通过转变内部的结构要素，从而产生出不同的表现形式。本书正是基于这一理论预设。通过这种探究，权力至少不再是那样一种植根于人们不清楚它究竟为何物的权力。[1]

权力的逻辑学

Logik der Macht

权力通常被理解为如下因果关系：自我（Ego）的权力是原因，导致他者（Alter）以一种违背其意愿的方式行动。它使自我能够执行他的决定，而不必考虑他者。因此，自我的权力限制了他者的自由。他者承受了作为外来者的自我意志。这种常见的权力概念不符合其复杂性。权力的作用并没有在消除抵抗或强迫服从的企图中耗尽。权力不一定采取胁迫的形式。出现反对意愿以及对统治者的反抗，这一事实恰恰证明权力业已衰弱。权力越强大，就越悄无声息地运作。当它不得不证明自身时，它已经被削弱了。[2]

权力也不等于“意志中立”（Neutralisierung des Willens）[3]。这意味着，鉴于受制于权力者现有的权力落差，他甚至没有形成个人意志，因为无论如何他都必须服从统治者的意志。

因此，统治者指挥他选择行动的可能性。但有一些权力形式超越了这种“意志中立”。因为，受权力支配者明确地渴望统治者所渴望之物，遵循甚至预先感知统治者的意志，如同是他自己的意志一样，这才是更高等级权力的标志。受制于权力者可以把他无论如何都要做的事，提升为统治者意志的内涵，并怀着对统治者的十足“肯定”来执行。这样一来，同样的行动内容在权力的媒介中获得了另一种形式，即统治者的行动被受权力支配者肯定或内化为他自身的行动。因此，权力是一种形式现象（Phänomen der Form）。关键在于，如何激励一个行动。不是“无论如何我必须”，而是“我愿意”，这显示了更高权力的在场。不是内心的“否定”，而是断然的“肯定”，才是对更高权力的回应。[4] 因果关系无法充分地描述它，因为权力在这里的运行并不像机械推力那样，只是把物体推离其原本的运动方向。相反，它更像一个场地，物体在其中移动，仿佛凭着自己的意志。

强制模式没有充分显示权力的复杂性。作为胁迫的权力包括强制执行个人的决定，违反他者的意志。因此，它的中介（Vermittlung）程度很低。自我和他者的行动是相互对抗的。自我不能被他者的心灵接纳。相反，另一种权力拥有更多的中介能力，它不反对他者的行动计划，而是从他的内部发挥作用。更高的权力建构他者的未来，而并非阻碍它。不去反对他者的某项行动，而是影响或作用于他者的行动环境或前因，使他者心甘情愿地做出符合自我意志的选择，甚至无须否定性的强制措施。在不使用任何武力的情况下，掌权者在他人的心灵中占据了一席之地。

因果关系模型无法描述复杂的关系。有机生命体已经摆脱了因果关系。与无生命的、被动的事物不同，有机体并非简单地让外因对自身施加影响而不采取任何行动。事实上，它对原因的反应是自主的。这种对外因的独立反应能力正是有机体的特点。与之相反，一个无生命的物体则没有反应。生命体的特殊性在于，隔断外因，进行改造转化，并促使新事物产生。例如，尽管生命体依赖于食物，但后者不是生命的原因。假使我们在这里可以谈论原因，那么，首先是生命体本身拥有权力，使得外界之物成为其某些有机程序的原因。

因此，这些过程都不是外因在生命体内部的简单重复。相反，它们是生命体自身的功效、自身的决定。它面对外部做出独立的反应。外因只是众多可能的动因之一，它由生命体本身确立为原因。生命体从未仅仅被动地承受外部因素。如果缺少生命内部的效能或决定，外因永远不会生效。不存在从外部直接延伸到内部的影响，如同动能从一个物体转移到另一个物体那样。因果关系范畴更加不适合描述精神生活。精神生活的复杂性制约着权力事件的复杂性，它不能被转化为因果的线性关系。它将权力与身体暴力区分开来，在身体暴力中存在武力或力量与效果的简单因果关系。这种缩减的复杂性可能会成为身体暴力的优势。此外，复杂的权力事件不能用简单的算术来充分描述。一种微弱的反对力量可以对统治权力造成严重的伤害。因此，即便一个弱小的对手也可能获得重要性，从而获得大量权力。某些政治形势也可以赋予一个弱小的政党或国家以极高的权力。此外，复杂的相互依存关系确保了权力的对等性。例如，如果自我依赖于他者的合作，那么自我就会从属于他者。自我在制定和执行其诉求时，不能再忽视他者，因为他者可能对自我的胁迫做出反应，例如终止合作，从而使自我陷入困境。这样一来，自我对他者的依赖可以被后者视作其权力的源泉，并加以利用。即便是弱者，也可以通过巧妙地利用文化规范，把他们的软弱无能转化为权力。

此外，还必须考虑到权力的多重辩证法。根据那种等级制的权力模型，权力仅仅从上往下辐射，而不是辩证的。一个统治者的权力越大，他就越依赖于下属的建议和合作。尽管他能够发布诸多命令。但由于不断增长的复杂性，实际的权力转移到了他的顾问手中，他们告诉他应当如何下达命令。统治者的多重依赖性，成为其下属的权力来源。它们导致了结构性的权力分散（Streuung der Macht）。

权力排斥自由，这种观点一直存在。然而情况并非如此。他者自愿服从自我的意志，在这种状况下自我的权力达到最大化。自我并不强迫他者。自由的权力（freie Macht）并不是一个矛盾修辞。它意味着：他者在自由中追随自我。谁想获得绝对的权力，就必须不诉诸暴力，而诉诸他人的自由。当自由和征服完全重合，便实现了绝对的权力。

然而，通过命令发挥作用的权力和基于自由和自证的权力，并非两种对立的模式。它们只是在表象上有所不同。提升到一个抽象的层面，它们显示出共同的结构。权力使自我在他者之中与自身同在（bei sich selbst，又译“自在”）。它创造了自我连续性（Kontinuität des Selbst）。自我在他者之中实现了他的选择。以这种方式，自我在他者之中得以延续。权力为自我提供了属于他的空间，在其中他能够与自身同在，尽管有他人在场。它使有权力者能够在他者之中返回自身。这种连续性既可以通过强制，也可以通过自由的方式得以实现，即自由的服从，在这种情况下自我连续性最稳固。它以他者为中介。与之相反，强制的自我连续性由于缺乏中介，是脆弱的。但在这两种情况下，自我的权力帮助它在他者之中延续，在他者之中与自身同在。如果中介被降低为零，权力就会转变为暴力。纯粹的暴力使他者陷入极端的被动和不自由之中。在自我和他者之间失去了内在的连续性。面对一个被动之物，不可能存在真正意义上的权力。因此，暴力和自由是权力标尺的两个终端。中介的强度增加会产生更多的自由，或更多的自由感觉。因此，权力的表现形式取决于其内部的中介结构。

权力是一种连续的现象。它为权力拥有者提供了一个广阔的自我空间。这种权力的逻辑解释了为什么彻底的权力丧失被体验为绝对的空间丧失。有权力者的躯干仿佛充溢了整个世界，如今收缩成一具可怜的肉身。国王不仅拥有一个自然的身体，即凡人之躯，他还拥有一个政治神学的身体，与他的王国同在。当他失去权力时，便被抛回这具渺小的、凡人的身躯。[5] 因此，权力的丧失被体验为一种死亡。

认为权力只有抑制或破坏作用，这是一种错误观念。作为一种交往媒介，权力确保交流在某个方向上畅通无阻地流动。受权力制约者被引导（并非一定被胁迫）接受决定，即接受掌权者的行动选择。权力是一个机会（Chance），以“提高不太可能的选项组合的发生概率”[6]。通过消除有权力者和受权力支配者之间在行动选择方面可能存在的差异，权力操纵或引导交往向某个方向发展。因此，它完成了“将行动组合从一个抉择点转移到另一个”，以便“限制人类行动可能性的不确定的复杂性”[7]。权力引导交往的方式不一定是压制性的。权力并非建立在压制之上。相反，作为一种交往媒介，它是建构性的。因此，卢曼将权力定义为一种催化剂。催化剂加速事件的发生或影响某些过程的走向，而不改变其自身。通过这种方式，它创造了一种时间收益。在这个意义上，权力也是生产力。

卢曼将权力限制为一种交往的状况，在其中，受权力制约者那可能的否定仿佛悬在空中。当采纳一种行动选择是不可能的，即当交往出现瓶颈时，产生了对权力作为交往媒介的需求。[8] 权力应当把否定转化为肯定，尽管否定的机会永远存在。与那种总是说“不”的否定性权力概念相比，权力作为交往媒介的功能在于，它增加了“是”的可能性。受权力支配者的肯定不一定是欢呼雀跃的，但也并非一定是胁迫的结果。权力作为可能性，其肯定性或生产力延伸到了欢呼和胁迫之间广阔的中间地带。认为权力是破坏性的或抑制性的，这种印象是由以下事实造成的：只有在中介性很差的胁迫状况下，人们才会特别注意到强加给自己的权力。另一方面，如果权力不以胁迫的形式出现，它就几乎不会或较少被感受为胁迫，仿佛它被淹没在同意之中一样。因此，对权力的消极判断来自一种选择性感知。

马克斯·韦伯如此定义权力：“权力意味着在社会关系中伸张自己意志的每一次机会，即便面对反抗，且无论这种机会以什么为根据。”[9] 他进一步论述，权力概念在社会学上是“无效的”（amorph）。与之相比，社会学的“统治”概念确保了“对一个命令的服从”，是“更精确的”。然而这一评价并非没有问题。从社会学角度看，权力显然不是“无效的”。这种印象只来自受限的感知模式。一个分化的世界制造了间接的、无声运作的、不太明显的权力基础。权力给人的印象是“无效的”，乃是基于其复杂性和间接性。

与命令的统治相反，权力并不公开出现。权力的力量恰恰在于，即使没有明确的命令，它也能推动决策和行动。

权力与自由并不对立。正是自由将权力同暴力或胁迫区分开来。卢曼还将权力与社会关系联系起来，“在这种关系中，双方均可以采取不同的行动”[10]。因此，处于胁迫下的行动中不存在权力，即便服从也需要以自由为前提，因为它仍然是一种选择。另一方面，身体暴力也破坏了服从的可能性，它只是被动的忍受。相较于被动地忍受暴力，服从有更多的主动性和自由，它总是在有其他选择的背景下发生。统治者也必须是自由的。如果他受某种情况逼迫，不得不做出某项决定，那么拥有权力的就不是他本人，而是强制性的形势拥有权力。他仅仅被动地听从形势的摆布。当权者必须是自由的，以便能够选择和执行某项行动。至少，他必须在这种幻觉下行动，即认为他的决定确实是他的选择，在幻觉中他是自由的。

在每一次交往中，自我的决定是否被他者接受或拒绝，原则上是公开的。然而，自我的权力增加了他者遵循自我决定的概率。因此，卢曼将权力设想为一种交往媒介，它提高了他者接受自我决定的机会。这种权力模式确实将权力与自由观念联系起来，但这里的权力关系总是与避免一种消极状况联系在一起。卢曼的一个例子清楚地说明了这一点："A用一场身体搏斗来威胁B，这对他们两人来说都是消极的。A的权力基于这样一个事实，即相较于B，他对战斗的消极评估更少，而且对双方来说都有第二个、没那么消极的备选项，双方都可以选择。在这种情况下，谁对备选方案组合具有更大的弹性，谁便更有可能获得决定权，因此他可以接受那些对另一方来说难以忍受的状况。"[11]

因此，卢曼将权力与一种消极制裁（negative Sanktion，例如解雇或其他不利因素的威胁）联系起来。为了行使权力，自我必须有可能通过消极制裁手段将他者置于压力之下。消极制裁是一种行动可能性，乃是自我和他者都想避免的，然而他者比自我更加迫切地想避免。假如，解雇他者对自我的影响更严重，超出了对他者的影响，那么自我就不会把它用作一种权力手段。在这种倒置的情况下，被解雇的可能性成为他者的权力来源。用卢曼的话说，这意味着："消极制裁只是一种准备就绪的替代方案——在正常情况下，权力以这种常态为基础，双方都宁愿避免而非实施这种替代方案。权力导致的结果是，相较于受权力支配者，掌权者更愿意接受消极制裁的执行。实施消极制裁的可能性具有威力，恰恰在于且仅仅在于它尚未被实施。因此，当权力可以被挑战时，它也就即将终结。行使身体暴力不是行使权力，而是代表了权力的失败……”[12]

卢曼的权力理论在很多方面都存在问题。首先，双方都想避免消极制裁的实施，这并非绝对必要的。例如，如果当权者有可能不费吹灰之力就用另一个人取代下属，那么他就不必担心制裁的实施，也就是实际的解雇，而受权力支配者则不然。因此，权力关系的形成并不一定需要那种双方都想避免实现的选择。只要有一方想避免，就足够了。这种不对称性并不一定会减少统治者的权力。这可能赋予了他更多的权力。更多的权力意味着统治者有更多的自由。他是自由的，由于他人不再构成对其行动的限制。

严格来说，权力关系并不预设单方面的回避选择，即只有受制于权力的一方想要回避的选择。如果他者接受自我的决定，这种同意不一定是出于对消极制裁的恐惧。他者的“是”可以如此地肯定自我的决定，而不企盼任何回避的选择。自我权力恰恰在他者对自我的坚决肯定中达到了顶峰，其中不包含一丝“哦，好吧”（Na ja）。与之相反，对卢曼来说，权力的行使总是基于“哦，好吧”。然而强大的当权者唤起的不是单纯的默许，而是激情和欢呼。

按照卢曼的观点，权力增长与行动选择密度的提高成正比：“如果统治者能够拥有更多、更多样化的选择来实施权力，那么他的权力就更大；如果他能够对其合作者实施权力，而其合作者拥有的选择数量越多、越多样化，则统治者本人的权力也越大。权力伴随着双方的自由而一道增加，例如，当一个社会制造选择的可能性时，社会中的权力也增长了。”[13] 自我拥有多种行动可能性，以实现符合权力的交往，这当然是自由和权力的标志。自我权力的另一个标志是，尽管他者拥有种种诱人的行动可能性，但他仍然跟从自我的选择。然而，他者拥有自由，乃基于其宽广的行动可能性范围，并不必然会增加自我的权力。前者甚至可能破坏后者的稳定性。受权力支配者的自由的感觉，并不取决于他拥有的选择之数量。相反，具有决定性的是，他者向自我提供的肯定的结构或强度。坚决的肯定产生自由的感觉，而与行动可能性的数量无关。

卢曼从如下假设出发：“上级对下级的权力和下级对上级的权力，可以通过强化二者的关系而同时增加。”[14] 他援引了一种管理方案，该方案打破了影响的等级化模式：“与低生产力部门的负责人相比，高生产力部门的负责人有一个不同的、更好的管理系统。这个更好的系统为下属提供更多发挥影响的机会，以此保证老板也拥有更大的影响力。”[15]如果上级的决定没有被下级完全接受，那么上级就会丧失大量影响力，因为对决定的影响与对下级实际执行的影响不一致。很有可能，做出权威决定的上级对执行过程几乎没有影响。然而这并不意味着，下级发挥影响的可能性能够保证上级同样拥有更大的影响力，甚至拥有更多的权力。上级试图通过解雇的威胁或其他消极制裁来执行他的决定，这当然不会增加他的权力。毕竟，它创造了一种权力关系，由于中介性差，这种关系是脆弱的。如果下属支持他的决定，他将获得更多的权力。然而，他的权力并不会因为下属对他发挥更多影响力而增加。相互间影响力的加强可能会提高企业的效率，但这并没有增加行动者的权力。权力的分散可能会导致更多的生产力。此外，仅仅提高相互间的影响力也不会强化这种关系。相反，关系的强化是通过相互信任或相互认同而实现的。此外，信任还能降低复杂性，从而对决策过程产生积极影响。恰恰是信任和认同的交往氛围提高了生产力，而这与权力的氛围并不一致。关系的强化并不直接增加权力的总量。因此，卢曼声称，上级和下级可以通过强化关系同时增加双方的权力，这一论点缺乏说服力。

此外，权力不等同于影响力。影响力可能是权力中立的。它不具备权力特有的意向性，该意向性构成了自我连续体。例如，一个下属由于其特有的知识，能够对决策过程施加许多影响，而他不一定拥有很大的权力。施加影响的可能性本身并不导向权力关系。它必须被转化为权力。

卢曼在论及身体暴力时写道："权力的形成与身体暴力有一种矛盾的关系。它如同在虚拟中使用暴力，即遵循以下前提，暴力将不会被使用。暴力被虚拟化了，被固化为一种否定的可能性。"[16] 法治国家确实有可能使用暴力，当法律秩序受到侵犯时，它就会启动暴力。然而，这并不意味着法治国家是以暴力或其他任何消极制裁为基础的。实施消极制裁或使用武力的可能性，不是肯定权力的前提条件。一个人避免犯罪首先不是出于对惩罚的恐惧，而是出于对法律秩序的认可。这意味着，法律是我的意志、我个人的行动、我的自由。利剑显然隐藏在法律的背后[17]，但法律不是基于它。只能通过消极制裁手段来执行其决定的人，没有多少权力。

一个组织的制裁形式很少，这并不能说明它实际拥有多少权力。从权力逻辑上讲，可以设想一个强大的组织，它没有任何消极制裁。权力和消极制裁的关联使卢曼失去了敏感性，无法感知到自由权力（freie Macht）的可能性。

一个组织变得越来越复杂，也会导致它完全脱离行为人，成为一个匿名的实体。[18] 在卡夫卡那里，可以找到关于这一过程的意味深长的图景，该过程也导致了行为人的异化。卢曼对现代组织的评论也似乎是卡夫卡式的："……按照组织的逻辑，人们要求并强制执行最奇怪的事情。作为一个工人，你必须几个小时钻同样的孔；作为医院的病人，尽管生病了，你也必须在早上6点钟起床，测量体温；作为一个教授，你必须在无关紧要的会议上做记录，而这些会议几乎总是毫无结果。在这种组织机制的帮助下，可以产生最令人吃惊的行动选择，在数量和多样性上远远超出暴力所能激发的行动。"[19] 组织结构的僵化当然会产生限制。然而，卢曼将这些限制与权力混为一谈，他写道："没有一个历史上的暴君，没有一个历史上的所谓帝国绝对统治者，能够以如此规模发展出值得重视的权力，其衡量标准是非自主决策的数量和多样性。暴政甚至也不能和这种组织等量齐观。"[20]

问题在于，卢曼在这里将非自主决定的增加理解为权力的增加，而在另一处，他假设权力和自由之间存在正向的影响。他声称："权力伴随着双方的自由而一道增加，例如，当一个社会制造选择的可能性时，社会中的权力也增长了。"卢曼使权力依赖于决策和选择的传递。一个组织变得更复杂，便拥有更多的权力，这意味着它必须完成更多的选择。这一论点是成问题的，因为选择不仅仅通过权力来完成。权力的增长并不与决策的数量成正比。

鉴于现代组织的交往结构，卢曼得出了以下结论："无论如何，有很多证据表明，在社会进化的赛跑中，权力机制将属于失败者。"[21]根据卢曼的观点，对于现代社会来说，权力的复杂性太低，因为它"着手于一个太过具体的层面"。现代组织不可能被压缩到足以通过"相互可预见的行动决策的针孔"[22]。卢曼的诊断，将权力视为社会进化中的失败者，这可以追溯到他的权力理论方法，该方法将权力局限为人与人之间发生的行动选择。权力是"人加之于人的权力"[23]。

卢曼很清楚，权力的行使作为一个"选择过程"，"取决于系统结构"。该系统产生了某种特定行动的可能性组合，符合权力的交往就在其中进行。因此，权力是一种“结构导向型选择”（strukturabhängige Selektion）。在选择过程发生时，后备选项是由系统决定的。在符合权力的交往中，行动者被钳制在系统产生的情境中，这预先决定了各自的人际权力关系。这种预先设定可能没有被人们意识到。这种前反思的预设的可能性，对卢曼来说也是隐蔽的，因为根据他的权力理论，符合权力的交往完全发生在有意识的行动选择的透明性之中。在他的权力理论中，找不到那种权力形式，它位于有意识的选择这一边，把自己刻画成超越自我和他者的连续体。

由于卢曼将权力集中在交往中的个别行动者之间的线性关系上，因此，空间性权力呈现为一个连续体，即一个整体的形式，几乎不能被感知到。空间可以影响交往的路线，即使它没有被人们具体感知到。缺席者往往比在场者更有权力。空间的权力也可以作为一种引力出现，通过将分散的力量聚集为一个构造物来创造一种整体秩序。它的运作方式不能用线性因果关系来描述。在这里，权力并不是作为一种原因在受权力支配者身上引发某种行动。相反，它开辟了一个空间，在其中，一个行动才获得了一个方向，即一个意义；这个空间为因果线条和行动序列提供了前提。它是一片领地，在其范围内，一个人可以比另一个人拥有更多的权力，即比另一个人拥有更多支配权。权力设置了一个地方（Ort），它先于每个单独的权力关系而存在。

权力建构不同形式的连续性。前文已经说明，权力使自我能够在他者中延续自身，在他者中看到自己。权力为自我创造了完全的自我连续性，对权力的渴望可能源自这种自我连续感。

每个权力空间都有这种自我的结构，都渴望自身。这种超越个人的权力结构，例如国家，尽管不以单独个体的意志为基础，但它也有一个自我的组织结构来证明自身。国家元首的形象反映了其主体性结构。每一个权力空间都是一个自我连续体，面对他人维护自身。连续性和主体性是所有权力表现形式所共有的结构性要素。

超越个人的权力组织也有不同的中介结构。相应地，整体对待个人也采取不同的方式。在缺少中介的情况下，整体压倒了个人。在这里，权力必须诉诸禁令或指令。只有通过胁迫，整体才能延续到个体身上。然而，在强中介（intensiver Vermittlung）的情况下，连续性的建构不需要胁迫，因为个体将整体体验为自己的规定。在他与整体的关系中，没有任何东西是强加给个人的。例如，在法治国家，法律制度不被个体公民视为一种外部的约束。相反，它代表了他或她自己的规定。只有法律才使他成为一个自由的公民。另一方面，在极权主义国家，个人体验到整体是一个外在的规定。由于缺乏中介，产生了大量的胁迫。强制的连续性是脆弱的。

如果人们遵循中介的观念，那么总是相互对立的权力理论就可以归纳进一个理论模型之中。作为胁迫的权力和作为自由的权力，二者并没有本质上的区别。它们只在中介的程度上有所不同。它们是一种权力的不同表现形式。所有形式的权力都以建立连续性为导向，并预设了一个自我。缺少中介就会产生胁迫。在中介的最高层次，权力和自由彼此重叠。在这种情况下，权力是最稳定的。

即使一个权力空间在内部实现了强中介，它在外部，即面向其他权力空间时也可能是敌对的。在极端缺少中介的情况下，暴力再次主导了他们的关系。因此，即便是一个民主国家也可能用公开的冲突来威胁对方，或者使用暴力来实现自己的利益。如果要把那些相互对抗的权力空间统一起来，或联结成一个整体，就必须有一个总体性的权力领域、一个更高的中介机关。

因此，避免民族国家之间冲突的必要条件是，按照权力的逻辑，必须形成一个超国家的权力结构，即超国家的法律秩序[24]，也就是超越了民族国家孤立状态的全球化的权力和法律。必须赋予权力一个超越民族国家的地方。全球化的野蛮性源于这样一个事实：它尚且不够全球化，它不是世界中介（weltvermittelt），因而制造了高度不对称的结构——机会和资源的不公正分布，它没有被涵盖在任何一个总体性的权力和中介机制之下。在赞成和反对的辩证互动中，会形成和凝结出一个中介结构。因此，全球化必须经历一个辩证的建构过程。黑格尔会说，全球化仍然缺少概念。概念即中介。在这个方面，全球运营的商业公司，其跨国结构也能推进这一中介过程。

到目前为止，所讨论的权力形式都具有交往属性。即便是用来强迫对方采取某种行动的身体暴力，也仍然是交往过程的一部分；即便是暴力，也实现了一个与行动相关的决策。它被用来强迫他人做出或不做出某项行动。然而，当暴力被剥去了任何交往背景时，它就变得赤裸了。它的恐怖和深不可测就在于这种赤裸。例如，在没有任何交往目的的情况下发生的对他人的任意折磨或毫无意义的屠杀，就是指向这种赤裸的、无意义的甚至是色情的暴力。它的目的不是为了交往。对于赤裸的暴力犯罪者来说，对方做什么最终并不重要。这也不是一个服从的问题。服从仍然是一种交往的行动。与之相反，这种企图是要完全消除他人的行动、他人的意志，即他人的自由和尊严。赤裸的暴力旨在完全清除他者。[25]

卡内蒂一再援引的那种古老的权力实践完全剥除了交往，仿佛它是权力的唯一形式："在南太平洋，玛那（Mana）被理解为一种超自然、非个体的力量，可以从一个人传递到另一个。它是非常值得向往的，而且能够在一个人身上不断累积。一个勇敢的战士可以大量地获取它。但并非基于他的战斗经验或身体力量，而是玛那从被杀的敌人身上转移给他。……胜利对幸存者的影响是无比清楚的。通过杀死对方，他变得更强大，而玛那的增加使他有能力获取新的胜利。这是他从敌人那里夺取的一种祝福，但只有在敌人死后他才能获得这种祝福。敌人的实际存在，无论是死是活，都是不可或缺的。战斗和死亡是必不可少的；一切都取决于个人的杀戮行动。尸体的便利之处在于，胜者由此得以确认自身，将它纳入自身，用它来装饰自己，不断提醒自己权力的增长。”[26] 这种古老的斗争不需要以利益冲突为前提，因为利益冲突会赋予它交往的属性。重要的是对他人的杀戮和对被杀者的感知。权力的感觉在这里直接显现，也就是说，没有任何交往的中介。它也不是源自他人对胜者实力的认可。如同一种魔力，权力从被杀者转移到胜者身上。

古代的意识显然将权力具体化为一种可占有的实体。但权力是一种关系。因此，没有他者，也就没有自我的权力。对他人的杀戮终结了权力关系。在盲目地相互冲撞的人群中，不会产生权力，而只存在身体力量的差异。只有当一个人出于对死亡可能性的恐惧，或对敌人身体优势的预判，因而屈服于对手时，才会产生真正的权力。不是导致个体死亡的斗争，而是斗争的缺席构成了真正意义上的权力。

显然，卡内蒂对权力只有非常有限的理解。他在很大程度上把权力等同于胁迫、镇压和征服。因此，权力关系并没有超越猫与鼠的关系：“老鼠一旦被抓住，就在猫的掌控之中。猫抓住了它，持有它，将要杀死它。但猫一旦开始游戏，就出现了新情况。它放开老鼠，让它跑远一点。老鼠转身就跑，但它已不再处于自己的控制范围内了，而是猫拥有权力，可以把它抓回来。如果猫完全放任它逃跑，也就把它从自己的权力辖区释放出去了。但只要猫还能确实地够到它，那么在这一范围内，它仍然处在猫的权力之下。猫笼罩的空间，留给老鼠片刻的希望，但在最严密的看守之下，并没有放弃对老鼠的兴趣和摧毁它的意图，所有这些组合起来，空间、希望、看守和对摧毁的意图，可以称为权力的实际主体，或者直接被描述为权力本身。”[27]

权力比暴力“更宽敞”。当暴力“允许自己有更多的时间”时，就变成了权力。按照这种看法，权力基于更多的空间和时间。然而，在猫捉老鼠的游戏中，空间只是狭窄的死刑室。死刑室确实比猫的嘴巴更宽敞，但充斥着恐惧的权力空间并不是一个肯定的行动领域。为了使新事物真正出现，那种游戏必须不仅仅是杀戮的前戏。它必须以一个真正的游戏空间为前提，允许多种策略上的可能性。权力还预设了一个时段，这个时段超过了尚未完成致命抓捕的片刻。痴迷于死亡的卡内蒂显然忘记了，权力不只是单纯的杀戮，更重要的是让人活着。固着于权力的否定性中，使卡内蒂没有认识到，权力并不排除行动和自由，它在一种完全不同的意义上给定时间和空间。能够（Können）的时间—空间，或者自由，也许最终只是一种幻觉。但权力是以之为前提的，即使以一种假象（Schein）的形式。

权力的语义学

Semantik der Macht

与赤裸的暴力不同，权力可以与意义相关联。通过其语义的潜能，它将自己刻画在一个理解视域（Verstehenshorizont）中。但什么是意义？说某物有意义，这意味着什么？如果A、B、C只是偶然相邻，这种毗连就没有意义。偶然性或单纯的邻接，即随机的并置，只有通过某种意象被结构化时，才会产生意义。只有当A、B、C以某种方式相互关联时，也就是说，只有当它们被置于一个结构、一个关联、一个相互指涉的关系连续体（Bezugskontinuum）中，才会产生某种意义。当支撑它们的结构完全瓦解时，A、B、C就变得毫无意义。一个词语也是如此，当它被清空了所有的指涉（Verweisung），也就毫无意义。语言本身是一个指涉结构，一个词或一个句子的意义都以此为基础。即便是一个工具，也只能从一个目的，即从用途和功能的关联中获取其意义。因此，意义是一种关联和指涉的现象。某物只有在它被置于超越自身的关系网络、意义连续体或意义视域中，才会变得重要或有意义。这一视域预先存在，先于对一个物体或事件的理解、关注，但该视域却没有以此进入人们的视野。意义视域控制着意向性（Intentionalität），意向性能够理解意义，即能够使某事成为话题，而意义视域本身不必成为话题。因此，权力将不得不把自己刻画在一个意义视域上，甚至建构一个意义视域，以便有效地控制理解和行动的过程。只有当它出现在意义或富有意义的烛照下，它才获得稳定性。在这一点上，权力与暴力不同，暴力因为被剥夺了所有意义而显得赤裸，然而并不存在一种赤裸的权力。

尼采无疑是第一个有力地提出了权力和意义生产之间复杂关联的人。在一个非常基本的甚至是体质的（somatisch）层面上，他将意义和权力联系起来。意义即权力。尼采认为："最初""与人交往"，就是"将自己的权力扩张到他人身上"[28]。因此，符号是"一个意志给另一个意志留下的（往往是痛苦的）印记"。源初的语言是伤痛的身体语言，它直接体现了“想要据为己有”。概念（Be-*griff*）[1] 也能回溯到这种猛烈的抓取和控制。强者通过伤害和痛苦的“冲撞”来获得对自我的认知。因此，“对他人的伤害”是“更强大者的手语”。根据这种缺乏中介的权力符号学，符号的起源就是伤口。接受和理解这种特殊的手语，是作为“痛苦的感觉和对一种外部权力的认可”，这种权力一心想要“征服他人”。快速理解的目的是，“尽可能减少冲撞”。信息是针刺（stacheln）。它的意义在于控制。理解即服从。尼采可能会声称，词语变位，语言的屈折变化，其最初的用意就是，使他人及其意志屈服。

尼采认为，给事物命名是主人的权利。统治者“用一种声响封印了每一个物体和事件，从而仿佛占有了它”[29]。语言的起源是“统治者对权力的表达”。语言是“一种回响，来自最古老的对事物的占有欲”。在每个词语中，尼采都听到了这道“命令”：现在这个东西就应当如此称呼！[30] 命名同时也是赋予意义。权力创造意义。“就让它如此！”这既是“真正的哲学家”也是“指挥官和立法者”的格言。[31]

1 德文 Begriff 的词根 griff 意为抓，握。——译者注每一句话都是权力话语。统治者首先决定意义和意义的范围，即事态的“去向和目的”。他们创造了一个意义连续体，以此来解读事物。对统治者来说，这个意义连续体同时也是自我连续体，在其中他看到了自身。

在尼采看来，意义不是一个被推到虚无的“就是如此”（Es-ist-so），不是世界和事物的“如此存在”（So-sein），只能在无利害心的直观中被发现。如果意义是基于“如此存在”，而非基于占有或统治，那么这个为事物命名者就不是统治者，而是一个观看者或聆听者。尼采的权力一元论剥夺了事物的“如此存在”。权力意志的缺失导致意义的匮乏。因此，意义不是人们只需接受的馈赠，也不是发生在权力之外的事件，而是一种战利品。只有权力才能让事物参与到意义中。按照这种观点，权力也绝非一种无声的、无意义的强制力。它是雄辩的。它通过为事物命名以及规定它们的去向和用途来阐明世界。

权力创造意义（Bedeutsamkeit），通过建构一个意义视域，事物在其中得到阐释。只有考虑到权力，事物才变得重要，才拥有意义。跟权力的联系构成了意义。因此，不存在意义自身（Sinn-an-sich）：“意义难道不必然是一种关系性意义和视角吗？一切意义都是权力意志（所有的关系性意义都可以融入其中）。”[32] 真理也与权力相结合。它是一种设想或构造，产生于权力意志。真理协助“某种谎言取得胜利并且持续下去”[33]。

一切意义构造都是“视角性评估”，“借助这些评估，我们在生活中，也就是在权力意志中，在权力的增长中维持自己”[34]。所有的目的和目标都只是“一个意志的表达方式和变形”，即权力意志。[35] 意义事件就是权力事件。这意味着，“权力意志已经成为较弱者的主人，并且从自身出发给它印刻了一项功能的意义”。因此，“事物”的历史也是一部权力的历史，是一个“连续的符号链条，串联着不断出现的新阐释”[36]。一个“意图扩张之物”，从价值方面看，即他个人的权力增长，也即他的意义，去“阐释”“其他意图扩张之物”。因此，“阐释”基于这种意图——“成为某物的主人”[37]。

尼采的权力理论当然具有论战的特征。然而，与此同时，它也是一种权力的诗学。权力其实是“诗意的”[38]。它不断地产生新形式、新视角。因此，它不是建立在使一种观点绝对化的专制统治之上。在权力的诗学中，存在另一种意向性。根据尼采的说法，建筑师“总是处于权力的影响之下”。最有权势的人总是会给建筑师带来灵感。建筑是“一种形式上的权力表达”[39]。权力创造形式，并以形式表现自身。因此，它绝非抑制或压制。通过设计空间，建筑师创造了一个形式连续体，在其中他与自身同在。通过创造空间，他创造了自身。权力使他——他的自身，仿佛成了空间并在空间上延展（wachsen）。它导致了创造体在世界中的广延（Extension）。

这种广延当然可以带有暴力的特征，但它本身并不是暴力。相应地，权力可以产生压制的效果，但它并非以压制为基础。因此，权力并不像雅各布·布克哈特（Jacob Burckhardt）所说的那样，“本质上是邪恶的”[40]。权力的妖魔化首先使我们看不到它的语义效应。按照尼采的说法，它最先把赤裸的声音转化为一种语言，即与意义交织在一起。尼采式权力一元论的问题在于，他把一切意义事件解释为权力事件。

在对权力的分析中，福柯还提到了“一种倾向，只在禁止的否定性和无血肉的形式中注意到权力”[41]。恰恰是这种普遍的倾向，也缩小了对福柯权力理论的理解。例如，有人声称，权力的历史对福柯来说是一部“失败的历史”[42]。福柯则批判性地指出：“权力本质上有压制属性。权力压制自然、本能、阶级和个人；在当代话语中，可以找到这种重复了上百次的压制式的权力定义，然而这并非当代话语的发明。黑格尔最先这样提出，然后是弗洛伊德，再然后是赖希（Reich）。尽管如此，‘压制机关’是当代词汇中对权力的近乎自动的称呼。”[43] 实际上，压制只代表了一种特殊的权力形式，即一种中介不足或中介缺失的权力。然而，权力并非建立在压制的基础上。福柯一再地与这种否定性的权力概念保持距离：“人们必须停止，总是否定性地描述权力的效果，仿佛它仅仅是‘排斥’‘压制’‘清除’‘审查’‘忽视’‘掩盖’‘伪装’。实际上，权力是生产性的；它生产了现实。”[44] 权力“注定要生产、发展和安排各种力量，而不是抑制、阻碍或消灭它们”[45]。关于身体和权力之间的联系，福柯写道：“人们之所以接受权力统治，原因很简单，因为权力不只是作为一种否定性的强制力量压在我们身上，而是在现实中渗透到身体内，制造事物，引发快乐，带来知识，产生话语；它必须被设想为一个涵盖整个社会体的生产性网络，而不是作为一个否定性的机关，其功能仅仅是压制。”[46]

福柯关于权力之生产力的论述，鲜少被注意到。[47]福柯本人对此也负有责任，因为他把对权力的分析片面地导向了胁迫行动或斗争范式。他本应从语义潜力的角度来分析权力，这样就会展现出权力的肯定性和生产力。正如福柯本人所承认的，在《疯癫与文明》中只有一个“纯粹否定的权力概念”[48]。显然，他后来才意识到那些具有生产作用的权力机制，事实上，这些机制生产了现实。他现在不信任一种“自然”或“本质”，它们被某些压制机制或权力机制毁坏或异化，仅仅需要被解放，或使其恢复纯洁。“自然”或“本质”都已经是权力的结果。这就是福柯的权力一元论：“我们所谈论的、试图解放的人，他本身已经是一种服从的结果，这种服从比他本人还要深刻。一个‘灵魂’住在他身上，为他创造了一种存在，而这种存在本身就是统治的一部分，是权力对身体的支配。灵魂：政治解剖学的成果和工具。”[49]尽管福柯将权力从禁止或强制的范围内解放出来，但他的权力一元论削减了社会性。并非只有权力才能产生社会意义。[50]

福柯还对性行为压抑论提出质疑。性并非总是权力要反对的冲动。权力并非创造了一个无菌状态，而是繁殖了欲望的病菌。权力并非简单地压制性行为。相反，它发展了一种“话语的机能亢进”（diskursiven Erethismus）[51]。它使身体变得雄辩。纠缠不休的问题唤起了新的欲望感受。控制性的目光固化并加强了这种感觉。因此，“性装置”（Dispositiv der Sexualität）并非表现为一种禁止性的法律，而是一种“刺激和增强机制”[52]。因此，权力不会导致更少而是导致更多的欲望。监视关系变成了感应起电，使皮肤表面通电。权力形成了一个性身体（sexuellen Körper），不断地言说，不断地示意。因此，性欲的语义往往与权力的语义相联系。身体从来都不是赤裸的。相反，它充斥着各种意义，根据福柯的说法，这些意义是权力的效果。

司法形式的权力仅发布禁令，没有把握住权力的“双重效果”：“权力的功能就像塞壬，吸引和呼唤它所关注的陌生人。欲望散落在权力之上，它被权力挑拨；权力固定了它所唤起的欲望。”[53]然而，福柯没有意识到这样一种可能性，即权力不仅违背其本意唤起了欲望，而且正是通过欲望发挥作用。在这种情况下，欲望不是简单地由禁令顺带引发的。相反，权力专门创造了欲望，因此才能够发挥作用。

司法的权力模式，即一方面是立法权力发布禁令，另一方面是服从的主体，在福柯看来无法描述“权力在策略上的丰富性和肯定性”[54]。福柯让人们注意一种不能用法律、禁令或制约来把握的权力形式，它并不抑制或缩减，而是起到生产作用。权力“在社会领域的全部纵深和整个表面上运作，按照一种由继电器、连接、传输、分配等组成的系统”[55]。它作为一种“权力关系的丰富性”出现，“填充并组织一个领域”[56]。权力不仅仅是建立或摧毁封锁，而且建立了一个关系系统，一个充斥着符号和意义的交往网络。

在《监视与惩罚》[1]中，福柯谈到“三种权力技术”[57]，都可以用其语义效果来描述。首先，福柯论述了主权的力量，如同一把剑的权力，从上至下辐射。它强有力地显现自身，采取报复或决斗和胜利的形式。罪犯是一个要被征服的敌人。其语言仅限于简单的“血缘象征”（Symbolik des Blutes），它的分化和中介程度很低：“血缘社会，或者更确切地说是血统社会：在战争的荣耀和饥饿的恐惧中，在死亡的胜利中，在剑的主权（Souveränität）、刽子手和刑讯中，

1　中译本参见《规训与惩罚》，刘北成、杨远婴译，生活·读书·新知三联书店，2003年。——译者注

权力通过血来言说，这是一个具有象征功能的现实。”[58] 血具有意义。受拷打者的身体也有象征作用。它是一个“标记”，一个有意义的纪念物。主权者的权力通过被肢解的身体或酷刑在身体上留下的伤痕来言说。权力“在身体周围，或者更好的是，在被处决者的身体上，刻下不可磨灭的记号”[59]。酷刑和拷打则是一种仪式，是一种利用符号和象征进行的表演。

第二种权力技术，即民法典的权力，使用其特有的符号系统：“……这是一个精神的问题，或者说是一个思想和符号的游戏，它在所有人的头脑中流通，以一种隐秘但具有胁迫性的确定方式。”[60] 权力通过促使符号和思想流通发挥作用，它使用的不是剑，而是产生法律的笔。因此，权力不是表现为胁迫性的暴力，而是表现为“胁迫性的确定”（zwingende Gewißheit）。它不希望通过恐怖，而是通过理性来发挥作用。与剑相比，笔将权力安置在更稳定的地面上。福柯引用了康德的同时代人塞尔凡（Servan）的话：“‘心灵’是权力手中的书写板，符号学（Semiologie）是笔，通过控制思想来征服身体；把思想作为一种身体政治原则来分析，比对酷刑的程序解剖更有效。……如果你能够展开同伴心中的思想链条，你就可以自诩为他们的领导者，成为他们的主人。一个低能的专制者可能用铁链强迫奴隶，但一个真正的政治家却用他们自己的思想之链将他们捆绑得更牢；他把这些思想的首要目的固定在理性的不变秩序上。”[61]这种权力比主权的权力更稳定，因为它不是从外部而是从内部发挥作用，也就是说，没有外部的胁迫。它允许自由和服从同时存在。

笔或思想的权力并不表现为爆发性的。它安静地发挥功效，要归功于道德观念或对法律的尊重。思想不依靠野蛮的暴力，而是依靠中介。这里的权力并不像剑的权力那样无规律、不定期或爆发式地行动，而是以持续不断的方式，形成一个贯穿社会的观念和思想的连续体。思想的力量就是法律的力量，它作为一个“符号系统”[62]流通，并且不断更新，例如，通过一个“可见的、不断言说的惩罚，它讲述一切，它解释，自我辩护，使人信服”[63]。为了进行“仪式性的重新编码”[64]，牌匾、海报、象征和文本被运用，并在“民法典的嘉年华”（Jahrmarktsfest des Bürgerlichen Gesetzbuches）[65]上流通。惩罚在这里不再演示主权者的权力。相反，它是一个教训，用于实现符号系统。权力在民法典的嘉年华上雄辩地、象征性地呈现自己，通过儿童故事将自己铭刻在年幼的记忆中，与主权权力相比，它依赖于中介，而主权权力则是突兀地、缺少中介地运作着。

权力的空间并不是只有在民法典的时代才变得充满意义。即使在中世纪，国王登基，被拥有权力的结盟者在仪式上确认，也是一场符号的庆典。它使权力显得很有意义。通过这种有意义的表象，权力才能发挥作用。与这种象征性的重新订立盟约相反，那个“严刑拷打的庆典”，带有“恐怖的武器库”，在意义和中介方面都非常匮乏。然而，尽管中介结构不同，两种权力形式都创造了一个连续体。

规训权力作为权力的第三种技术，比伤口或思想更深入地侵入主体。它仿佛渗透到身体内核，在那里留下痕迹，从而形成不假思索的习俗。它应该像法律文书的权力一样谨慎而微妙地发挥作用，但更加直接，即无须绕道借助思想。规训权力依靠的是反射而不是反思。福柯将监狱的诞生归功于这种规训权力。在这里，目的不是恢复法律的主体，而是“形成一个服从的主体”，凭借的是“对行动的规训，通过完全的时间管理、塑造习俗和对身体的约束”[66]，凭借的是“协调一致的矫正术”[67]，权力“将时间、空间和行动编码直至最微小的细节”[68]。在福柯看来，由于权力安装了自动性的习俗（Gewohnheit），它便可以“放弃过去的种种费力措施”[69]。它伪装成一种日常。

规训权力使用一种细致多变的语言。它想融入血肉之中，而不是造成伤害。它用规范或常态来运作，而不是刀剑。福柯还将一种肯定性和生产力归功于规训权力。它塑造和构建身体，产生新的动作、手势和姿态，以达到特定的目的。它把一个“无定形的面团”塑造成一台“机器”：“逐渐地，姿态被纠正，直到一种计算好的强制力渗透并主宰了身体的每一部分，整个身体被固定在一起，并且可供使用，秘密地使自己成为一个习俗的自动装置。”[70]考虑到权力的作用是塑造形式，那种设想将身体从权力关系中完全解放出来的权力批判将是抽象的。尽管规训权力仍然与约束相关联，但还是会导致一种生产效果。

福柯假定，技术、政治领域的可塑和可用的身体，与解剖、形而上学领域的拉美特利（La Mettrie）人体机器（Homme-machine）之间存在着隐秘关联。对驯服的信念形成了一个中继站，连接可分析的身体和可操纵的身体。惩戒力量不仅生产被征服的、温顺的、听话的身体，而且与话语的生产相互关联。因此，它也产生了知识。因此，人体机器作为一种哲学、形而上学的话语，与规训权力相互贯通。

福柯呼吁，放弃那种秉持以下观点的思想传统："知识只能存在于权力关系被中止的地方，知识只能在权力的命令、要求、利益之外展开。"[71] 也就是说，放弃如下观念："权力使人疯狂，只有放弃权力才能成为有知识者。"事实上，没有任何一种权力关系不会建构一个知识领域。而且，没有任何知识完全不受权力关系的影响。

福柯指出，规训权力不是关于"身体的语言"或"符号"，而只是关于"运动及其内部组织的经济和效率"[72]。然而，规训权力并不局限于这种经济效率，因为它不仅作用于身体，而且还描述它。权力侵占了身体，通过在一个意义网络中刻画它。规训权力在身体上留下痕迹，它们总是有意义的。[73] 它们占据了心灵。

与暴力相反，权力是通过意义或意蕴来运作的。即使在其粗暴的形式下，其产生的效果，即伤口，也是一个表达意义的符号。民法典的符号系统也是一个意义连续体，通过思想控制行动。然而，它没有主权权力的力量和迟钝属性。规训权力也在编织"习俗的纽带"[74]，它由种种意义结构组成。

在一次演讲中，福柯谈道："权力在19世纪的运作是通过种种习俗，它们被强加于某些群体。权力可以放弃其过去的费力措施。它采取了狡诈的、日常的规范形式，因此它遮掩了其权力的身份，将自己伪装成社会形式。"[75]通过遮掩自身，通过伪装成日常或不言而喻之物，权力提高了效率和稳定性。这就是权力的狡计。借助习俗的自动性，权力在没有强制和胁迫的情况下发挥作用，这并不只限于19世纪。它在任何具备一定复杂性的社会中都是有效的。

福柯在监狱、军营或医院中追踪到了矫正性权力，它首先适用于身体。在很大程度上，福柯专注于身体，而没有充分注意到在符号层面上习性化的权力。习性（Habitus）指的是一个社会群体的整体倾向或风俗。它产生于价值观或认知形式的内化，这些价值观或认知形式是为某种统治秩序设计的。它使人能够先于反思，也就是在身体上有效地适应现有的统治秩序，形成一种自动性的习俗。在这种习俗中，社会上的弱势群体按照一种模式行事，这种模式恰恰有助于稳定统治秩序，也正是导致他们处于不利地位的原因。习性造成了对统治秩序的前意识的肯定和认同，这也在身体中重现。[76]一个人把因为社会地位低下而被迫做的事情，当作个人的选择。无可避免之事，被艺术地表现为“诞生于自由选择的品味”[77]。这导向一种“命运之爱（amor fati），导致受害者将自己交付给社会为他们规定的命运，并为之献身，为之牺牲”[78]。命运被体验为一种自由的筹划。被统治者甚至在他原本消极的状况中感到有滋有味。因此，贫穷成为一种自我选择的生活方式。强制或压制被体验为自由。习性以这种方式指导行动，即统治的权力关系在一种理性的论证之内，以一种近乎神奇的方式不断地再生。布尔迪厄的习性理论再次表明，权力不一定要呈现为胁迫的形式。相反，在产生自由感的地方，在不需要暴力的地方，权力才是最强大、最稳定的。自由可能是一个事实，也可能是一个幻觉。但它对权力有稳定的作用，是权力的组成部分。

借助习性，权力建立或稳固自身，并在符号层面上发挥作用。权力实现其有效性，“不是在物理的层面上，而是在意义和认知的层面上”[79]。它利用符号和意义构造物，目的在于建立某种世界观或价值体系，使某个群体的统治合法化。受制于权力的人服从它，如同服从一种自然的秩序。通过塑造被统治者的认知或意义视域，权力在这里发挥作用。它创造了一个意义连续体，在这个连续体中，统治阶级与自身同在。因此，它同时也是一个自我连续体。这种权力的连续性并不是通过禁令，而是通过自身的可理解性（Selbstverständlich-keiten）发挥作用。这些对意义的体验大多是前意识的。社会意义总是包含着权力和统治的层面。各种权力需求在其中得到体现。权力通过符号进行运作，其沉淀物就是社会意义。权力从来不是赤裸的。相反，它是雄辩的。通过创造观点或解释模型，权力稳固了自身，从而使统治秩序合法化并得以持存。权力在身体层面上也是有效的。作为一种“社会必需品，已经成了自然，转化为运动模式和身体的自动反应”，社会意识确保行动是“有意义的，即符合常识理智”。这种理解是立即发生的，确实像习惯性反射。因此，意义是不容置疑的：“因为那些行动者永远不知道自己在做什么，他们自己并不知道，他们的行动还有更多的意义。”[80]

权力并不仅仅是把自己印刻在习性上。大众形成一个民族，以及民族文化的建构，都是通过符号或叙事发生的，它建立了一个服务于权力的意义连续体。碎片化不利于权力的发展。建立一个同质化的民族的意义结构，可以确保群众的忠诚，从而实现统治。因此，权力的一般语义在这里也是有效的。

如果将习性理论应用于海德格尔在《存在与时间》中对“日常”的分析，就可以从社会学的角度对其进行重新解读。[81] 在其日常现象学中，海德格尔谈到了一种“公众解释”（öffentliche Ausgelegtheit），它决定了“平均理解”（durchschnittliches Verstehen）[82]，即正常的感知、正常的世界观。它主宰着“对世界和此在的一切解释，并始终保持为正确的”[83]。因此，它作为一种意义连续体或意义视域发挥影响，导致事物和行动以如此而非其他方式被理解。它承担了某种意义的选择或对意义的操控。“平均理解”的主体只是被称为“常人”。常人观察、行动、做出判断，就像另一个常人一样：“常人——不是一个特定的人，而是所有人，尽管不是作为一个总和——规定了日常性的存在方式。”[84]

“公众解释”允许种种不同的解读。它首先可以被理解为一种“公众意见”，其最终的基础是共同的信仰或价值观。从这个角度看，它并不必然反映统治者的权力利益。然而，“公众解释”也可以被解读为一种世界观，这种世界观已经确定了方向。它为此在“卸除责任”（Entlastung）[85]，因为此在自身不必解读或重新创造世界。找到一个被赋予意义的世界，甚至一个毋庸置疑的“真理”，完成了一种“卸除存在之责”：“而且由于常人经常通过卸除存在之责去迎合每一个此在，这样就保持并巩固了其顽强的统治地位。”在这两种情况下，公众解释形成了一个意义连续体，支配着人们的行动和认知。权力将不得不占据这一语义空间，以实现高度的有效性和稳定性。

对海德格尔来说，常人代表了一个存在论的实体。它只是属于“此在的肯定建构”[86]。此在的存在论不允许讨论这类问题：哪些权力利益，哪些政治进程或经济利益可能参与了常人的建构，即公众解释。然而，对于人的描述，海德格尔使用了被权力逻辑占据的术语。例如，他把公众解释称为“统治”[87]。按照海德格尔的说法，它“监视着每一个要冒出来的例外”，每一个偏差都被“无声无息地压制”[88]。这种“敉平”的做法有一种正常化的效果，产生一种“平均”的意义连续体。关于权力也有这样的说法：“人本身属于他者，并且巩固着他者的权力。人之所以使用‘他者’这个称呼，是为了掩盖自己本质上屈从于他者的情形，而这样的‘他者’就是那些在日常共处中，首先和通常‘在此’的人。这个‘谁’（Wer）不是这个人，不是那个人，不是人本身，不是一些人，不是一切人的总和。这个‘谁’是个中性概念，即常人。”[89]

常人的“独裁”[90]并不是通过压制或禁令来发挥作用。相反，它采取的是习性的形式。这是一种不言而喻的专政。通过习性发挥作用的权力，比发布命令或施加约束的权力更有效且更稳定。它的有效性是基于人是常人的固有属性。人没有受到常人的制约。每个人都是常人。布尔迪厄的“习性”有一个类似的结构。胁迫被体验为与自由的结合，一种准自然。

如果从社会学的角度来解读海德格尔的日常存在论，常人就可以与布尔迪厄所说的产生“日常理性”的符号性权力联系起来。通过将自己铭刻在公众的意义视域中，权力发挥其作用，从而产生正常化的效果，甚至形成意义反射（Sinnreflexe），而无须反思（Reflexion）。可以设想，不同的利益联结、历史进程或生产关系会影响常人的塑造。

人的正常化进程也发生在情感中，甚至发生在身体层面。它占据了“心理状态”和“情绪”层面：“公众性是人的存在方式。……它不仅首先有一种氛围，还需要一种情绪，并为自己‘制造’情绪。”[91]常人的这种情绪层面赋予它一种特殊的效力。它在意识这边发挥作用。

常人之正常化的权力并非在日常生活之上进行统治。相反，它是从日常生活内部向外发挥作用。这种内在性为它提供了极大的稳定性。权力自身决定了视域，权力描述了日常理性，它以这种方式发挥作用。主权者将是一个特殊的某人，被一个“无人”（Niemand，又译“无此人”）取代：“这个常人，就是日常此在是谁这一问题的答案。这个常人却是无人，而一切此在的共处之中，总是已经听任于这位无人的摆布了。”[92] 当权力被认为是无人的权力，也就是当权力没有被明确地感知到，权力就变得牢不可破了。另一方面，当它不得不以禁令、压制和驱逐的形式强加于人，那么它便是不稳定的，甚至是“脆弱的”[93]。

在日常的与他人共在中，此在位于“他人的权威之下”。这就剥夺了他的自主权：“他不是自身，他人从他身上夺走了存在。他人可以随意处置此在之日常存在的可能性。”[94] 海德格尔将这种“他人的支配”即常人的支配，与“本真的生存”即“自我的决断”相对立。因此，应当反抗常人的“独裁”，去选择自身，把握自身。其目的是自我的主权。在这里，成为主权者意味着将自己从常人的指令中解放出来，从公共解释的意义连续体中解放出来。然而，这种决断并没有把此在引向事实之外。因为按照海德格尔的说法，此在观察到自己被抛入了“事实的可能性”，被抛入了真实的生活场景之中。因此，只有在“被抛状态”的框架内，自由才是可能的。自由和“被抛状态”从根本上说并不相互排斥。

由于海德格尔完全解除了存在论与社会学的联系，他也无法认识到这种可能性，即被抛状态是一种屈从状态（Unterworfenheit），而筹划状态（Entworfenheit）[95]是基于一种屈从。此在服从于一个意义连续体，服从于某种“对世界和此在的阐释”，从而将自己设置在现行的秩序之内。被抛状态和筹划状态之间的密切关联，不仅是由存在论，也是由社会学决定的。海德格尔的日常存在论没有认识到，日常的认知能够与“日常理性”相耦合，后者由“符号性权力”所筹划。

当权力以常人的身份出现时，当它把自己铭刻在日常中时，它就实现了高度的稳定性。增强其有效性的不是胁迫，而是习俗的自动性。一个绝对的权力将是一个永远不会出现、永远不会表明自身的权力，它与不言而喻之物完全融合在一起。权力在缺席中闪耀。

权力的形而上学

Metaphysik der Macht

人们为什么倾向于对他人施加权力，哲学对此有何解释？对于这些问题，福柯的回答是，人与人之间的关系越自由，他们决定他人行动的愿望就越强烈。游戏越开放，指导他人行动的方式即游戏的种类就越多样。相反，在几乎不存在游戏可能性的社会中，对权力的渴望也会减弱。

权力以一定的行动范围为前提。失去这一前提，便只有暴力和胁迫。然而，福柯晚期的快乐主义权力概念将权力过多地转移到游戏中："权力并不邪恶。权力意味着策略游戏。人们很清楚地知道，权力并不等同于恶。以性或爱情关系为例：在一种公开的策略游戏中对对方行使权力，情况可能出现反转，这并不是一件坏事，它是爱、激情、性愉悦的一部分。"[96]

权力可能是游戏的一部分，它也可能配备了游戏元素，但它并非以游戏为基础。游戏甚至可以成为权力的对立面。除了游戏，其他一切行动都是渴望更多的欲望，根据海德格尔的说法，这是权力的特征："权力本身，只有在它仍然是一种欲求更多的权力时，才是权力。一旦这种欲求被中止，权力就不再是权力了，即使它仍然掌控着被统治者。"[97]生命不是自我保存，而是自我主张："生命不像达尔文认为的那样，只有自我保存的冲动，还有自我主张。自我保存的意志只依附于业已存在之物，进而使自己僵化，并在其中失去自我，对自己的本质视而不见。"[98]海德格尔一再回到尼采的话："人想要什么，一个活着的有机体之中每一最小单元想要什么，那就是权力的增加。"

超越自我是权力的基本特质，但权力的主体并没有在这个过程中离开或失去自我。超越自我，这是权力的运行方式，同时也是与自我同行。自我超越和与自我同行的统一，扩大了自我的空间："一切生命体都展示自我……作为自我留存和自我超越的统一。……在不失去自我的情况下，超越自我的力量越大，就越强大……"[99]生命体的强大在于，它持续地超越自我，它使自我占据了更多的空间。

也许福柯确实如他自己所坦陈的那样，对人类学、对人类的灵魂并不熟悉。充满欢乐的游戏不是权力的人类学基础。尼采可能比福柯更了解人类的灵魂。在一个残篇中，尼采写道："权力的乐趣是基于千百次对于依赖、软弱无力的不快体验。如果这种体验不存在，那么快乐也就不存在了。"[100] 因此，在行使权力时产生的快乐，与不自由和软弱无力的创伤性体验有关。获得权力后的愉悦感是一种自由的感觉。无力感意味着任由他人摆布，在他者中失去自我。与之相反，权力意味着在他者身上维持自身，也就是说，是一种自由状态。快乐的强度并不取决于游戏的开放性或游戏类型的多样性。相反，它可以追溯到自我连续性，它伴随着权力一起增长。

经常有人指出，权力建构具有不同的中介机制。一种缺少或没有中介的权力会发展出一个强制性结构，导致对他人的压制。这种权力接近于暴力。然而，在掌权者一边，可以引起一种自由的感觉。掌权者强制执行他的决定、他的选择，甚至违背他人的意愿。受制于权力者会按照当权者的意愿行事。权力创造了自我连续体，然而在这种情况下，只是一种外在的连续性，因为受权力制约者按照掌权者的意志行事，而无须内心的认同。对于统治者来说，自我连续性给他一种自由感，因为他的意志不会在他人的意志面前受挫。受制于权力者臣服于统治者，放弃了自己的他者性，尽管只是在表面上。他允许统治者的抉择施加于自己身上，尽管违背了他的个人意愿——他原本会做出不同的选择。统治者在他者身上看到自己的意志。在他人身上感知到自我，这是构成权力感的根本要素。然而，这种权力形式缺乏中介，它使受权力支配者陷入一种不自由的感觉。恰恰是这种不对称的自由分配，导致这种权力不稳定。

在尼采看来，权力不是游戏："征服——是权力过剩的自然结果……将自己的形象融入陌生者。"[101] 生命就是"强行施加自身的形式"[102]。自我通过把自己的形象印刻或强加在他者身上，从而征服他者。在这里，他者表现得像一个被动者，只能承受自我的意志。权力的行使作为一种"强行施加于自身的形式"（Aufzwängung eigner Formen），迫使他者展示自我的连续性。因此，自我在他者身上看到自己的形象，即他自身。由于他者反映了自我，自我在他者中返回他自身。尽管有他者在场，自我凭借其权力依然是自由的，即与自身同在。

尼采在很大程度上执着于一种缺乏中介的权力形式。通过侵犯和压制来“强行施加于自身的形式”，并不是建立自我连续性的唯一途径。这种权力模式将他者设想为一种被动者，它承受着自我的意志，或说自我迫使它接受。另一方面，如果他者被理解为一个能够积极行动和做决定的个体，那么自我和他者之间的关系就变得更加复杂。

他者现在可以积极地将自我的决定或选择融入自己的计划中，而不是仅仅被动地承受，并将自我的行动作为他自己的行动来执行。尽管他者的行动与自我的意志相符，但这种连续性并不是自我单方面强迫的结果，而是源于他者自己的意愿。他者遵循自我的意愿，就如同他自己的自由意志。他者使自我的意志成为他自己的意志。通过这种方式，他者也获得了一种自由感。这种权力关系比那种几乎没有中介的权力要稳定得多，在后者中，受权力支配者表现得像一个被动的质料。尽管中介结构不同，但在这两种权力的形态中，自我的权力都体现在自我在他者中延续自身，在他者中自我仍然与自身同在。

权力是一种能力，在他者之中与自身同在。这不是人类所独有的。黑格尔将其提升为普遍的生命原则，认为它将生者与死者区分开来："生命体面对的是无机的自然界，它与自然界的关系体现了它的权力，它同化了自然界。这一过程的结果并不像化学反应那样是一个中性的产物，在这一结果中，原来对立双方的独立性被取消了。相反，生命体表明自己比另一方更优越，后者无法抗拒它的权力。……因此，生命体在他者身上只与自身同在。"[103]生命体的权力体现在，它没有在他者中失去自己，而是"比另一方更优越"，用自身占据他者，从而在他者中延续自身。走向他者的过程就是走向自身的过程。按照黑格尔的说法，有机体是"在其外部进程中与自身同在"，即在其与他者的关系中与自身同在。一个生命体如果不能在他者中与自身同在，就会因他者而灭亡，即因穿透生命体的他者在它身上产生的否定性张力而灭亡。

对黑格尔来说，权力在生命的最基本阶段就已经生效了。消化已经是一个权力的程序，在这个过程中，生物逐渐使他者与自身同一化。生命体把外在之物内化，通过这种方式建立起与他者的同一，即建立自我连续性。消化活动使生命体能够将外在之物转化为内在之物，也就是说，在他者身上返回自身。

颇为有趣的是，黑格尔把精神活动比喻为消化。这强调了消化和精神活动之间在权力逻辑上的相似性："一切精神活动都不过是以不同方式将外部事物引向内部，即回到精神本身，而且只有通过这种引导，通过将外部事物理念化或同化，它才变成精神，它才是精神。"[104] 精神的基本特质是内化。它把他者，即外部事物，提升至其内部空间。这样一来，它在他者中就是在自己家中。被认识或被把握之物对于精神来说不是外在的，也不是陌生的。它们属于精神，是精神的内容："也就是说，认识恰恰是消灭意识之外的、陌生的事物，因此是主体向自身的回归。"[105] 内化，即把外部事物提升到内部，把消化和理解联系在一起。黑格尔认为，饮食是对事物的"无意识的理解"[106]。

然而，在单纯的直观（Anschauung）中，精神并不完全与自身同在，因为它过多存在于外部世界中。没有发生"主体性向自身的回归"。只进行直观的精神，仍然沉浸或分散在这个世界之中："在单纯的直观立场上，我们位于自身之外。……在这里，理智沉浸在外部材料中，与之融为一体。……因此，我们可能在直观中变得极度不自由。"[107] 因此，精神是"极度不自由"的，因为它不是与自身同在，而是与外界纠缠在一起，停留在事物之中。

在表象（Vorstellung）中，精神更自由，即比单纯的直观更自在。每一个表象都是我的表象。与单纯的直观相比，自我不是沉浸在事物中，而是把它们明确地置于我的面前。打破自我与事物的直接关联，给事物画像，画成我的图像，而自我一直留存于我的内在，通过这种方式自我超越了事物："因此，精神将直观转化为它自身，穿透它，使它成为内在之物……从而获得自由。通过这种进入自身的方式，知性上升到表象的阶段。表象的精神占有直观……"[108]自我占有直观。表象是我的表象。在占有中，自我不在外部，而是在自己家中。作为所有物的表象是我的财产。权力将单纯的存在物转化为所有物。它确保精神不会"被撕裂成空间上的发散物，而是单纯的自我以不被遮蔽的清晰度穿透多样性，不允许多样性成为独立的存在"[109]。因此，精神的权力在于将事物吸收进其内在，把外在之物转换成内在之物。凭借这种转换，精神使自己贯穿于世界的多样性中。内在性的贯通创造了自我连续体。

精神在他者中回归自身，位于世界之中如同居住在其内部空间。在世界之中存在意味着与自身同在。在面对一个客体时，精神将其吸纳进自己的内部，通过这种方式扩大其内在空间。精神将外部世界转化为内在之物，因此它在外部世界中返回自身。精神凝结自身，深化其内在性，黑格尔还论述道，“内化自身”或“回忆自身”，不是精神停留在外部的对象之中，而是将其纳入内部空间：“知性使对象从外在之物变成内在之物，知性内化了自身。对象的内化和精神的回忆，这二者是一体的。”[110]“精神的回忆”是指精神从对象中走出来，返回自身。精神把对象纳入其内部，通过这种方式，精神在对象周围凝固、扩展其内部空间。客体的内化扩大了精神的内在性，从而使它更加内在。“知性已经向我们表明，它是这样一种精神，它走出客体返回自身，在客体中回忆自身，并把内在性视为客观真实。”最重要的是“思”，它完全解放了精神：“由此可见：内向性的顶端就是思。人如果不思，就没有自由，因为他就会与他者发生关系。”[111]一旦人与他者、与外部发生关系，也就是说，只要他不在他者之中返回自身，只要他人的他者性没有在同一中消失，那么人就是不自由的。思的精神穿透、照亮了他人，带走了其他者性。以这种方式，他创造了一个同一的连续体。“意志”也加深了自我连续性，通过努力使其内在性客观化，并将其内在性印刻在外部世界。它的基本特征是“回归自身”。从这一角度看，权力意志总是朝向自身的意志。

世界的内化作为“精神的回忆”，不一定要靠暴力来实现。强制的包围，在这种情况下外部事物被一种陌生的力量强迫纳入其内部，这只是一种无中介的、表面形式的内化。黑格尔设想了一种外部事物的内化。按照这种形式，世界不是陷入一个陌生的内在性中，而是将自身内化为一个内在空间。在黑格尔看来，精神的权力绝不是暴力，它不会强暴或消灭他人，而是使他人身上呈现出他本身拥有的属性，思并不宣告不存在之物，而是照亮已有之物。尽管从光照中不会产生暴力，但精神之光是一种特殊的光照，是一种与自身紧密联系的光照，它在被照亮者身上看到自身。它有一只眼睛。

权力是一种与内在性和主体性相连的现象。如果一个人只需要回忆，只需要停留在其内部或与自身同在，而完全没有外部世界，那么他便拥有绝对的权力。当记忆与经验完全重合，就不会有无力感和痛苦。无限的内在性意味着无限的自由和权力。

主体性是权力的根本要素。一个无机物可能有一个中心化的结构。但它不能发展出一种权力结构，因为没有一个主体性赋予它活力，因为它没有内在性。权力的空间是以自我为中心的（ipsozentrisch）。一个自我居住在其中，其意向性就是渴望自身。保罗·蒂利希也将权力与主体性和中心化联系起来："一切权力结构都是围绕着一个中心组织起来的，有某物存在，引导着权力结构，各个部分都指向它。……一个事物的组织性越强，其中心化就越强，并直达人类自我意识的最高形式，在那里，每个经验的瞬间都与自我的中心有关。这就导向了一种观念：在社会群体中，不仅存在一个中心——这是不言而喻的，否则它就永远无法行动——而且社会群体也是一个有机体，人们可以把群体的力量与生物有机体的力量相类比。一个有机体越发达，就存在越多不同的元素环绕其中心。这就是为什么人类产生了最丰富、最广阔和最强大的社会有机体，尽管我们在动物世界也发现了类似的结构。"[112]

正如卢曼也指出的那样，对于现代生物学来说，有机体"不再是一个有灵的存在，其灵魂力量将各部分整合为一体，而是一个适应性系统，它通过运用自身的性能对不断变化的环境条件和事件做出合理的补偿、替换、封锁或补充，从而保持自身结构的恒常不变……”[113] 然而，现代的有机体概念并没有完全挑战黑格尔的权力概念。生物体结构的恒常不变，正是归功于那种权力，它确保生物体在面对不断变化的环境条件和事件时维持自身，即保持自身不变。在这种情况下，它也创造了自我连续性，使有机体在环境产生的否定压力下仍能保持自身。

存在者，只要它是有限的，就会被他者包围。自我肯定意味着存在者在与他者的接触中保持自身。如果没有自我连续性，它就必将灭亡，即在否定性中，在他者唤起的否定性压力中灭亡。一个人如果不能承受自己内部的否定性，并把它融入自身，就没有生存的权力。蒂利希还将生存权力追溯到生命体克服否定性的能力，或如他所说克服“非存在”的能力，即把否定性融入自我肯定：“一个人将拥有更多的生存权力，由于有更多的非存在需要被克服，只要一个人能够克服它们。一旦不能再承受和克服，就会产生完全的无力感，即所有生存权力的终结，这就是后果。这是所有生命体面临的风险。生命体在自身中能携带的非存在越多，它的危险就越大，如果它能抵御这种危险，它的生存权力就越大。……一个生命过程越强大，它就能在自我肯定中包含越多的非存在，而不被其破坏。”[114]

权力是生命体具有的能力，在面对与他者的种种纠缠时不失去自我，在否定的紧张关系中延续下去。它是“那种可能性，尽管面对内在和外在的否定，依然保持自我肯定”。另一方面，那些不能居住在否定性中的人，不能把它融入自己体内的人，只拥有较少的生存权力。因此，就生存权力而言，神经症患者和上帝是相互对立的：“神经症患者的特点是，他只能在自己体内融入少量的非存在；面对非存在的危险，他逃进自己狭小、逼仄的城堡。普通人可以包含有限的非存在，有创造力的人可以包含大量非存在，而上帝，象征性地讲，可容纳无限的非存在。面对非存在，一个存在者的自我肯定是其生存权力的表现。由此，我们看到了权力概念的根源。”[115]

自我肯定不一定与压制或否定他人相伴而行。这取决于中介的结构。通过强中介，它不再是否定或排斥，而是整合。上帝代表了一个最高等级的中介。相反，实施暴力者将是一个神经症患者。他只有通过缺乏中介的暴力才能实现自我延续。因此，神经质的自我肯定会导致对他人的否定。

在黑格尔看来，神经质地退缩到僵化的自我形象中，也指向了低下的生存权力。精神“只有通过正视否定之物，并与之共处，才能拥有权力”[116]。用黑格尔的名言来说，精神获得“其真理，只有通过在绝对分裂状态中寻找到自身”。他者在自我中引发否定的张力，精神的力量穿过张力创造了自我连续性。只有在缺少中介的情况下，自我才会排斥他者。因此，缺少中介或没有中介能力，将导致一种狭隘的、神经质的精神状态。

权力通过对他者的内化来建立自我连续性，这种权力可能但不一定要以暴力的形式出现。起决定作用的是主体和客体之间的中介关系。黑格尔构想的权力是，在高强度的中介下，它会取消一切暴力。如果中介加强，主体便不会破坏其客体。确切地说，内化确立了本身存在于主体和客体之间的同一性，这正是黑格尔观念论的独特转折。因此，客体不是主体的全然他者。相反，客体表现出与主体在概念上的接近或同构。主体对客体的内化，使这种本身已存在的亲缘性变得明确。因此，理解作为内化的一种形式并不强暴事物。相反，在黑格尔看来，它揭示了一些本身已经存在于事物之上的东西，而事物不能为自己实现这一点，即不能将之提升为认知的对象。这样看来，对事物的理解并不是强行占有，而是使之显现出仿佛已有的萌芽。因此，内化不是强暴，而是一种和解。它使一些事物显现，促使主体和客体之间相互调和。“这种领会，是以最内在的自我确定蔓延至他者，其中直接包含了一种和解：思想与他者的统一存在于自身，因为理性既是意识的实质基础，也是外部世界和自然的实质基础。因此，对立之物也不是超越的存在，不是一种另类的实质的自然。”[117]

对黑格尔来说，“理性”并不只是一种主观的秩序，以暴力征服客体。相反，它存在于客体本身并在其中发挥作用。通过这种方式，主体在思考中呈现出它和客体的共同点，即普遍性。这种中介关系修改了权力结构。现在，权力并不属于一个单独的主体，后者占据了客体，以便在客体中返回自身。相反，是普遍性显现自身的权力，把单独的存在，即“主体”和“客体”，聚集成一个整体。

黑格尔把概念也定义为一种权力：“这就是概念的权力，它不会在分散的客观性中放弃或失去它的普遍性，而恰恰是通过现实并且在现实中使它的统一性得到体现。因为正是它的概念本身，在他者中保持与自己的统一。”[118]这个概念是普遍性的，因为它代表了现实中所有不同现象共有的概括性、总体性。概一念（Be-griff）以一种统一和中介的方式，抓住（greifen）所有纷繁的现象，建构成一个整体。它是一个概一念，因为它在自身中全面地掌握了一切。因此，它在一切事物中都与自身同在。它的权力在于自我连续性。它不会在“分散的客观性”中失去自我。它的作用就如同地心引力，把各部分聚集为一个整体。在他者之中回归自我，也是其基本特征。现实即是它的他者，它在其中显示自我，观看自我。

人们经常指出，权力的表现方式因中介结构而异。概念的权力是强中介的，因为它的他者，即现实，没有受到压制。相反，它内在于他者。概念不是反对现实，而是在现实内部显示自身。概念的权力不包含暴力。在黑格尔看来，暴力是无概念的。概念获得的权力越多，从它身上发出的胁迫和暴力就越少。现实基于它的概念而变得透明。概念照亮了现实，只有概念才使现实存在。概念之光不会遮蔽现实，因为它就是现实的光。概念和现实之间的光的贯穿被称为真理。人们也可以说：真理即权力。

概念的、普遍性的权力，是一种“自由的权力”，因为它并非简单地迫使他者，即现实，服从于自己，而是开启或解放它的本质。并非权力而是自由，决定了概念与他者之间的关系。“因此，普遍性是一种自由的权力；它既是自身，也延伸至他者；但不是作为一种暴力，而是一种平静地位于其内部并与自身同在的权力。……这是一种行为模式，面对不同的他者时如同面对自身；在他者中它返回自身。”[119] 当普遍性延伸至他者时，就不会遭遇它的否定。相反，总体性被他者接受，作为它自身的真理。他者在自由中屈服、听从于普遍性。因此，总体性在他者中是“平静的，且与自身同在”，因为它并没有产生抵抗。他者对总体性说“是”，被总体性掌握，向其敞开了自身。这样一来，绝对的权力就无须使用暴力。它基于一种自由的服从。

福柯认为，人是“一种服从的结果”，这种服从比人本身“更深刻”[120]。因此，人的同一性，人的灵魂，归功于一些题材的内化，用黑格尔的话说，就是这些题材侵占了他。人将总体性内化，使其成为自己身份的一部分，从而服从于总体性。肯定他者的侵占，这是一种根本性的服从，因为它首先建构了服从者的身份。权力在这里不是压制或强暴，它首先构成了同一性，也就是灵魂。如果缺乏或者没有中介，侵占就会带有暴力特征。但黑格尔会说，暴力侵占是一种没有概念的侵占，其中没有中介。

权力并不首先具有压制性。黑格尔主要在中介和生产的维度上关注权力。因此，他也从权力逻辑的角度来描述世界的创造。尽管上帝就是主观性，但他并不仅仅是一种“我是我”的抽象、无内容的同一性。他并没有停留在“永恒的沉默和封闭”之中。[121] 相反，他创造了他者，即世界，以此来表达自身。然而，创造世界并不是简单地过渡到他者，而是回归到他自身。上帝在世界之中，即上帝的他者中，观看自己。他在世界之中返回自身。在他者之中回归自我，是权力的基本特征：“权力是……与自身的否定性关系。”它是否定性的，因为自我指涉是通过他者发生的，因为它是“在他者之中回归自身”。仅仅是与自己的肯定性关系，将是一种自我指涉，其中不包含任何他者指涉。因此，蒂利希的神经症患者不能拥有任何“与自我的否定性关系”。他在与他者的关系中失去自我。他缺乏力量，因而不能把与他者的关系转变成自我指涉。权力的决定性因素是这种转变，这种面朝自身的转向。

权力保证了自由。掌握权力者是自由的，因为他能够在他者之中完全与自身合一。黑格尔认为，上帝是“自由的，因为他有权力成为他自身”[122]。上帝居住于或建立了一个绝对的自我连续体，没有导致他失去自我的断层或分裂。他未曾见过绝对的他者，使他在其中不再是他自身。一个神经症患者也许不仅仅停留在他的狭小的城堡中，而是被迫到处与自身同在，到处都是他自身。在某种意义上，黑格尔的“上帝”或“精神”也是这种神经症的表现。

上帝就是权力。黑格尔的宗教观完全由权力的形象所支配。理所当然，黑格尔将权力提升为“全部宗教”的“首要决定因素”[123]。他一刻也没有考虑到这种可能性，即宗教可以开辟出一个完全避开权力逻辑的空间，宗教可以是一种对连续性的经验，在根本上区别于权力产生的自我连续性，宗教恰恰可以代表那种完全不同于回归自身的活动。

宗教从有限性的经验中觉醒。具有决定性的是，与动物相比，人对自己的有限性有明确的意识，他能够把自己的有限性提高到认知对象的地位。因此，疼痛超越了直接的感受，产生了对有限性的普遍概念。想象力也是人能够哀悼和哭泣的原因，也是人不同于动物而能够拥有宗教的原因。有限性的经验还包括分离，这导致了根本性的孤独感。面对关于有限性的认识，人们唤醒了一种欲望，去克服被限制的痛苦经验，以及摆脱分离的孤独感。宗教正是基于对界限和孤立的体验，以及将其废除的愿望。

对有限性或局限性的体验，不一定发生在权力层面。人类生存的有限性不一定是权力的有限性。权力有限性的体验只是人类可能的有限性体验之一。有限性带来的痛苦，很可能是那种将自我与他者分离的界限导致的痛苦，只有通过建立一种特殊的连续性才能克服这一界限。这种消除了分离界限的连续性，与权力所建立的自我连续性有着不同的结构。它不具有回归自身的意向性。赋予无边界的空间、无边界的存在连续体以活力的，并非努力在他者之中与自身同在的自我。不是权力，不是回归自身，而是朝向无边无际的开放性，这才是救赎的承诺。这样看来，宗教是基于一种对去边界化的渴望，对无限的渴望，然而，这并不是无限的权力。无限的、无边界的宗教之存在，当然可以被无边界的权力欲望、无边界的权力意志取代。但宗教不是以权力为基础的。宗教从根本上说是最大限度地和平的，它是友善的。

成问题的是，黑格尔自始至终都以纯粹的权力经济学术语来描述宗教现象。权力的计算决定了一切宗教交往。例如，在献祭过程中，首先被意识到的是“人们处于他者的权力之中”[124]。同时，人们也通过索取一种结果对他者施加权力。承认他者的权力，并唤起对自身权力的认识，这在献祭的实践中占主导地位。献祭岂不是具有更深的意义，超越了目的理性和实用性的范围？

乔治·巴塔耶对献祭的理解截然不同。他并不否认献祭的经济学层面。但在他看来，献祭的更深层意义在于经济计算之外。献祭代表了效用和经济的对立面。它在本质上是一种特殊的破坏和消耗：“牺牲就是给予，但要像把煤送进烧红的火炉中那样给予。”[125]献祭使事物重归于连续性，在这种连续性中，没有边界，没有主体与客体、人与世界之间的分离。它是一种去物化（Ent-Dinglichung）和去边界化（Ent-Grenzung）的行动。事物从效用和目的的关联中解脱出来。因此，它重新获得了神秘性。这种无边界的连续性作为真正的宗教维度，还被巴塔耶称为“亲密性”或“内在性”。因此，献祭的祭司说：“我把你，我的祭品，从世界中抽离，在这个世界中你被降低，不可避免地被降低到一个物的状态。在其中，你获得了一种外在于你内心天性的意义。我召唤你回到神圣世界的亲密性中，即一切存在者的深刻的内在性。”[126]

权力的连续性即自我的连续性。与权力相比，宗教被束缚在对存在之无限连续性的体验中。这是一个“回归的时刻”，在这一时刻，人“与宇宙融为一体，与星星或太阳没有分别”[127]。按照巴塔耶的说法，人们在面对神圣时感到的战栗，源于消除边界的暴力，这种暴力取消了差异：“因此，神圣恰恰可以与火相提并论，通过消耗木材而摧毁它们。如同不受限制的火焰，它是事物的对立面，它扩散，发出光和热，它激发兴奋和眩晕，被引起兴奋和眩晕的人瞬间反过来制造兴奋和眩晕。”[128]

巴塔耶一再援引，对存在作为不可分之整体的经验，是一种狂欢和回归。引人注目的是，他的宗教哲学构想从动物性开始。据他说，动物已经生活在一个存在连续体中。它们在这个世界上，“如同水在水中一样”[129]。出于这个原因，它们不需要宗教。它们已经一直位于存在连续体中，欢呼雀跃。[130] 在存在的未分割的统一体中，没有形成任何权力关系，因为权力关系以差异为前提：“因此，在动物生活中，找不到任何东西引入主仆关系……”[131] 甚至食用他者也不以斗争和侵占他者为前提。在存在连续体中，恰恰没有自我和他者之间的分离。没有同化，没有严格意义上的占有，在他者之中回归自身是其权力逻辑公式。存在之不可分割的统一性，不允许捕食者和被捕食者之间的分离：“当一种动物吃掉另一种动物时，它吃的是它的同类，它的镜像：我在这个意义上谈论内在性。”[132]

巴塔耶的存在连续体确实排除了权力关系。但它与狂欢式的暴力形式完全兼容，这些暴力去除界限，造成破坏，取消了一切意义和关联。在这些狂欢式、过量的暴力中，神圣性也一定会出现，巴塔耶把它比作吞噬一切的火焰。因此，它绝不是友善的。亲密性也取消了存在连续体的开放性。

正如巴塔耶承认的那样，宗教显然基于一种连续性的体验。但这是一种精神的现象，远远超出了巴塔耶设想的动物性。精神是友善的，因为它建立存在连续体，而并未使差异或形式消失在毁灭一切、吞噬一切的火焰中。由于这种友善，精神绝不是狂欢式或吞噬性的。

在《论倦怠》中，彼得·汉德克唤起了一种深度的倦怠，在其中，我得以从世界中撤回。倦怠的深度是世界的深度，它被接受为“较少自我的盈余”[133]。此在不再被强大的自我支配。在深度的倦怠中，不再有关于自身的操心，一种存在的连续性被开启。[134] 在汉德克看来，“他者同时也是自我”。那种在他者中与自我融合、在他者中保持自我的强迫性，让位于一种宁静。深度倦怠还意味着，“没有任何人和事物”占据统治地位，或“占据主导”[135]。

深度倦怠激发灵感：“倦怠的启发与其说是告诉人做什么，不如说是告诉人可以不做什么。”[136] 黑格尔的“上帝”，意味着“主体、劳作、无限的效用（Aktuosität）”以及“无限的权力”，永远不会陷入深度倦怠。黑格尔的“精神”是全然的行动，是一种“绝对干预”[137]，它将永不疲倦。可以说，权力、主体性和黑格尔式精神是深度倦怠的对立面。汉德克唤起了一种非常不同的精神，一种深度倦怠的宗教。在汉德克看来，“圣灵降临节的集会，迎接圣灵”，正处于一种深度倦怠中。[138] 没有什么是孤立的，而是“永远与他者同在”[139]。在深度倦怠中，觉醒的精神不是别的，而是友善：“善。这同时也是我对人类的最终想象：在其最后时刻，在无穷的倦怠中和解。”[140]

权力的政治学

Politik der Macht

卡尔·施米特在《政治的神学》中写道："谁决定例外状态，谁就是主权者。"[141] 在例外状态下，为了保全自我，法律被中止。例外状态带来了一种前法律的秩序，一个法律之前的权力空间发布命令。因此，当法律失效时，国家持续存在。

神学上的主权者，在例外情况下做出决定，拥有超越一切肯定性法律规范的绝对权力。没有人可以控诉他。在例外情况下，他决定什么是保全自我的重要因素，后者因此获得绝对的重要性。他凌驾于法律规范之上，决定其有效性。他做出最终决定："决定权将自己从一切规范性约束中解放出来，成为真正意义上的绝对。"[142] 主权就是这种主体性，它渴望自我意志、自我决断。例外状态以最纯粹的形式体现了这种自我决断。它是每个权力空间所固有的。只有那些掌握权力者，才能把威胁性的自我异化的困境扭转过来，保持自身。例外状态是对回归自身的坚定尝试。

在《政治的神学》中，施米特引用了克尔凯郭尔的话，他将例外置于普遍之上。例外“带着有力的激情”思考普遍。[143]它比普遍更清楚地揭示一切。因此，揭示主权本质的不是正常情况，而只是例外情况。然而，对正常情况的反思，可以带来比施米特或克尔凯郭尔所认为的更多的启示。

黑格尔，这位关于正常情况的天才哲学家，以有力的激情思考普遍情况，以正常情况阐明了主权的本质。他声称，一个君主只需要是一个“说‘是’的人”[144]。这里指的是“正式决策的顶点”，即形式上的主权者，他通过说“是”协助法律生效。这个“是”恰恰对应于主权者在例外情况下取消法律规范时的“不”。“不”也表达了一种无条件的自我肯定。因此在这两种情况下，主权者或国家的“自我确定的主体性”被表达出来，即绝对的“意志的自我决定，也即最终决定”[145]。这位主权者的行动包括重申他的名称，重复说出“我要”。这一名称是最重要的。它是“不可超越的顶峰”，即“自我规定和完全自主的意志，自身的最终决定”[146]。“我要”，实际上是“我要自身”，这种对自我的决心体现了主权者的主体性，即“完全从自身出发的主体”[147]，这构成了国家的存在。因此，君主的意志不仅规定例外情况，也规定正常情况。例外情况下的“不”，也许比连续说出的“是”更强烈有力。但“是”和“不”都是对自身意志的表达，是主体性的表达，也是国家作为权力空间的决定性要素。

绝对权力的主权者存在于形式以及神学层面，应与真实的、政治上的主权者区别开来，后者作为人类个体，必须不断为自己的权力而担忧。与神学上的主权者相比，他只有相对的权力。恰恰是施米特指出了那类主权者，他们陷入了致命的权力辩证法：“人类个体，大量的政治决定权暂时掌握在他的手中，他只能在特定的条件下，用特定的手段建构自己的意志。即便是绝对的君主也要依靠报告和信息以及他的顾问。……因此，每一种直接的权力都会立即受到间接的影响。”[148]

在统治者周围形成了一个权力的“前厅”，由大臣、忏悔神父、私人医生、秘书、男仆和情妇组成，他们通过散播阴谋和谎言，威胁并侵蚀实际的权力空间。权力的前厅把统治者与世界完全隔绝，因此，“他现在只接触到那些以间接方式控制他的人，而他不再接触那些其权力统治下的一切其他人，这些人不会接触到他”[149]。施米特在这里也援引了例外情况。例外情况很可能以强有力的激情思考普遍情况，但激情也会扭曲或掩盖普遍。“统治者被不可避免的权力机器孤立”，这一观点恰恰没有考虑到其根本性效果，即结构性的扩散和权力的空间化。权力机器不一定以权力前厅的形式去破坏权力空间。为了行使政治权力，必须有一个有组织的权力机器。在一般情况下，这个权力机器绝不属于“间接影响的范围”。此外，在议会民主制中，权力不会集中在高层或一个人身上。不存在只有少数人可以进入的“通往统治者心灵的长廊”。旧的权力前厅让位于其他权力前厅，例如权力的回廊、穿堂，即议会接待厅。

在施米特看来，权力的辩证法将其转变成无力，这首先表明权力是一个“客观的、有自身规律的实体”，人无法占有它。现代社会中组织的复杂性和匿名性，导致施米特提出了这种理论，即权力超越了人的现实。[150]因此，“人对人是人”（*homo homini homo*）这一美妙的公式已不再适用。

权力也超越了“一切人际的衡量标准，即一切人对人的可设想的权力”[151]。通过将权力转移到一个超人的现实，施米特回应了以下事实：“权力和无力……不再面面相对，也不再是人与人之间的面面相对”[152]，统治者个人的权力在一个“无比夸张的分工体系”中萎缩成“一种形势的流溢”（Ausschwitzung einer Situation）[153]。

施米特显然无法从理论上处理这种情况，即权力脱离了一个人类个体的掌握。他没有假设现代社会使权力变得彻底分散或去中心化，而是将权力假设为一种“独立的现实”，人受制于它，它将人卷入一种致命的辩证法。人不再是主权者，因为权力摆脱了人的意志，因为人不再能决定。施米特只保留了对人的召唤：“但成为一个人，这仍然是一个决定。”[154]

施米特在房间和前厅、直接权力和间接影响之间的区分，并非没有问题。权力的前厅，本身就是权力空间的一部分。间接影响的势力范围之所以能破坏权力空间，占据其空虚处，是因为它把自己提升为权力空间。那间“病室，几个朋友坐在瘫痪者的床边统治世界”[155]毕竟是一个强大的权力空间。前厅实际上是一个侧室。权力侧室的形成证明这样一个事实：人类权力的任何一个房间都不能完全封闭，不能绝对地与自身同在，人类权力由于其有限性而不断面临着自我异化的危险。由于缺乏封闭性，没有一个人类的权力空间是没有侧室或前厅的。它们就如同权力空间的伤口。自我主张和自我异化的辩证法可以追溯到这种人类权力的有限性。

施米特的权力前厅理论包含了一个有趣的提示，即权力对信息的依赖性。关于俾斯麦 1890 年 3 月的请辞，施米特写道："老成持重的帝国首相、帝国的缔造者，面对没有经验的继承人、年轻的普鲁士国王暨德意志帝国皇帝威廉二世。两人在内政和外交政策问题上有许多针锋相对和意见分歧。但请辞的核心，即事情的关键，是一些纯粹的形式问题。争议的焦点是，首相如何获取通知信息，以及国王暨皇帝如何获取通知信息。"[156] 如今，媒体已经达到了与俾斯麦时代完全不同的规模，也从根本上改变了政治的信息学。毕竟，人们很容易克服信息障碍。在这里，不可能建立一个权力前厅，能够把权力空间和公共领域完全分离。这样的权力前厅会被现代信息技术迅速穿透。

尽管媒体在政治上有很强的影响力，但其本身并没有真正意义上的权力本身。因此，"媒体的权力"这一流行表达具有误导性。相反，用施米特的话来说，媒体形成了一个间接影响的范围圈。他们缺乏明确的意向结构。媒体的空间过于混乱，过于分散。就其整体而言，它们不受任何特定行为者、特定机构领导。它们固有的结构上的分散性不允许明确的归属。太多行为者，太多不同的意图，充斥着媒体空间。互联网的空间完全没有指向性，这导致了偶然性的激烈增长。区分权力和影响也是很有用的。一种无法施加影响的权力当然不再是权力，但影响并不总是具有权力的结构。影响不一定需要建构一个连续体，它也可以零散地发生，而权力却是一种空间现象。尽管媒体不会把自己组装成一个权力空间，但媒体和权力程序之间可能存在多重互动。媒体可以被权力的策略行动利用，但它们也会动摇统治者的权力秩序。这就是为什么极权主义政权试图占据媒体空间。公众舆论的形成不能脱离媒体的发展。[157]

因为热衷于关注例外状态，以及不断扩张的权力前厅，施米特并没有追问权力在多大程度上是一种空间现象。权力前厅的形成几乎没有提供任何关于权力空间本身的运作信息。[158]权力确实可能在某种意义上集中在高层或某个人身上，但它不能建立在这个顶点上。为了成为权力，它需要一个支持它、肯定它、使它合法化的空间。权力，即使在它集中于顶端时，也是一个空间事件，是一个共同或整体事件。隔离和孤立对权力是有害的。另一方面，它们和暴力是兼容的。事实上，暴力是散点式发生的。它可以服务于权力的生成，但权力并非以它为基础。暴力不能使自身空间化。

权力产生了一个连续体。这适用于人际关系，也适用于政体。自我如果完全陷入孤立，就只能通过暴力改变他者的意志。在这种孤立状态下，自我对他者没有权力。恰恰是在缺少权力的情况下，自我强暴了他者。因此，暴力是软弱无能的标志。反之，如果他者出于自己的自由意志而服从于自我，那么自我对他者拥有很大的权力。在这种情况下，自我在他者之中延续自身，而没有使用任何暴力。借助权力的中介，自我在他者之中与自身同在。权力建构这种连续性，将自我或其意志空间化，而武力或强暴则加深了断裂，压缩了空间。即使在不以单个行动者为中心的情况下，权力也创造了连续性。它形成了一个整体的引力，连接和调解各部分。

例如，一场革命很可能涉及暴力。但如果它仅包含暴力，即不以任何权力为基础，它将一无所获。没有权力，没有他者的同意，革命注定要失败。相反，如果它有权力，它就会创造一个新的空间。尽管暴力可以占据空间，但它并不创造空间。在政治空间的建立过程中，暴力也可能发挥决定性的作用，但政治不是基于暴力，而是基于产生行动连续体的共同意愿。因此，黑格尔还写道："……尽管国家也可以通过暴力产生，但它不是基于暴力。……在国家中，人民的精神、风俗、法律主宰一切。"[159] 在黑格尔看来，精神的力量在于产生一个我们、一个共同体、一个所有共性的连续体。精神即权力，因为它促成了一种有力的团结，基于对自身的决心。暴力恰恰缺乏这种中介的力量，即精神。只有权力才能产生政治。

汉娜·阿伦特很清楚权力的空间性，她写道："永远不会从枪管中产生权力。"[160] 狭长的枪管中无法产生空间。它在本质上是一个非常孤独的地方。相反，创造空间、产生权力的，是他者的合法化。因此，"非暴力权力"这个表达不是一个矛盾修辞（Oxymoron），而是一个冗言修辞（Pleonasmus）。[161] 一个人很可能拥有一种能力或一种优势，但他永远不能靠自身产生权力。阿伦特将权力追溯到团结本身："只要人们联合起来，一致行动，就会产生权力；它的合法性不是基于一个团体在不同情况下为自己设定的目标；它来自权力的源头，与团体的建立相重合。”[162] 对阿伦特来说，权力也是一种连续的现象。政治的前提是行动的连续性。

阿伦特的“显象空间”概念也指向了权力的空间特性。阿伦特认为，政体是“中间空间”，是“显象空间”，“每当人们在一起行动和说话时，它就会作为中间空间闪现”[163]；一个共在的空间，“它是由人们共同在场而产生的，在其中，他们不是像其他生物或无生命体一样仅仅存在，而是坚定地显现自身”[164]。显象空间是一个随着人们的行动和相互交谈而照亮的空间。阿伦特把权力和显象空间直接联系在一起：“权力保障了公共领域，那些行动者和说话者之间的潜在显象空间，权力首先保障了其存在。”[165] 权力是照亮政治空间的光，在那里产生共同行动和对话。阿伦特以强调和肯定的方式使用“权力”一词。她谈到了“权力中固有的光芒，因为它为显象和幻相本身服务”[166]，或者“权力创造了明亮的公共领域”[167]。显象比存在更重要。显象以明确的方式发挥影响。因此，只有权力才能产生超越“生命感受”[168] 的“现实感受”。

这种权力确实可以被称为“交往性的”，哈贝马斯也一定欢迎这种权力概念。他引用阿伦特的表述，以交往的方式生产共同意志，这一过程被提升为权力的基本现象："汉娜·阿伦特从不同的即交往性的行为模式出发：'权力产生于人类具备的能力，不仅仅是行动或做事的能力，而且是与他人联合并与他们共事的能力。'权力的基本现象，不是为了个人目的将他人的意志工具化，而是以理解为目的进行交往，从而形成共同意志。"[169] 权力产生于人与人之间："没有人真正拥有权力；当人们一起行动时，权力产生于人与人之间，当他们再次彼此分离时，权力便消失了。"[170]

阿伦特的权力理论实际上是从一个非常形式化的层面开始的。权力完全释放了显象空间，即现实感受。当人们共同采取行动时，就会产生权力。政治建立在这种产生权力的共同行动上。这种相当正式或抽象的权力概念，当然有其自身的吸引力。但问题在于，权力是否真正可以追溯到这样的共同行动，或者是否必须添加一些因素，以便使显象空间成为权力空间。

如果人们始终遵循权力的交往模型，权力的最高形式将是完美的和谐一致，在这种情况下，所有人都加入到一个共同行动中。然而，阿伦特对权力最高形式的定义是不同的：

“权力的极端情况是在以下形势中出现的：所有人对抗一个人。暴力的极端情况是在以下形势中出现的：一个人对抗所有人。”[171]对暴力极端情况的定义，即“一个人对抗所有人”，也许是合理的。毕竟暴力是一种孤独的行为，它不能依靠他人的认同。其相反的一极，即权力的极端情况就是：所有人都团结起来。然而，阿伦特对权力极端情况的定义是：“所有人对抗一个人。”为什么是对抗？权力的极端情况，应该产生于所有人的认同，那么在何种程度上仍然需要对抗，或者仍然需要所有人都对抗的一个人？这种定义上的模糊性显示了什么？对抗指的是权力的哪项核心特征已经潜入了权力的定义？对抗可能间接表明，权力首先不是一个团结现象，而是一个自我现象，每个权力结构都有一个主体性、一个自我的决心。然而，只有在权力结构内部或外部存在对抗的情况下，才会产生这种现象。这里的自我是抽象的。它不仅仅指一个人类个体的自我，而且指想要成为自我或回归自我的主体，该主体也可能是一个群体（Gruppe）。

当一个集体（Kollektiv）决定共同行动时，一个公共的自我就形成了，它渴望自身，对自身充满决断。这种主体性，这种对自身的决断，在一个人对抗集体的时刻变得尤为明显。集体的权力不是基于这一次对抗。但是，当一次对抗否定地触及整体时，便展现出它对自身的决断，即它的自我，这一自我是每个权力结构所固有的，不仅存在于个人统治者中，也存在于集体中。在坚决对抗的情况下，如同在例外情况下一样，会发生权力向自身的收缩，以便保存自身。自我决断是以自我意志为基础的。没有这种自我意志，就不能产生权力结构。每一种权力形式的基础，都至少需要一种最低限度的主体性，不断自我重复。它首先将存在空间转变为权力空间。

阿伦特的权力理论是从共同行动开始的，但它并没有停留在这个协同—交往的层面上。相反，它切换到了策略—论辩层面，却没有把这种过渡在理论上合理化。因此，在权力极端情况的定义中出现了一个对抗，不能追溯到共同行动本身。阿伦特列举的权力案例都具有策略—论辩的特征，它们指向政治的另一个构成要素。政治不能被简化为共同行动。

哈贝马斯在对阿伦特的解读中，忽略了其权力概念的内在断裂。他将其还原为交往时刻。哈贝马斯认为他可以从阿伦特的表述中解读出交往权力的概念：“实际上没有人拥有权力，当人们一起行动时，它就会在人们之间产生，而当人们再次散开时，它便会消失。”但哈贝马斯完全省略了这一概念之后紧随的几行字：“一个群体，尽管人数较少但组织严密，可以在长久的时期内主宰伟大的帝国和无数民众，历史上弱小贫穷的民族战胜庞大富有的国家也并非十分罕见。……在某些情况下，少数人的政权很可能表现得优于多数人的政权。”[172]应当从中获取的教益正在于，共同行动乃是一种策略性的、以成功为导向的行动。因此，组织和策略是必不可少的。只有通过有效的组织、良好的策略，一个人数较少的团体才能比一个人数较多的团体更有权力。

权力不能仅仅建立在交往和理解的基础上，这一点从阿伦特为区分权力和暴力而引用的其他例子中也可以看出：“即便是我们所知的最专制的政权，即对奴隶的统治——奴隶在人数上总是比主人多，但这种统治也不是基于主人在暴力手段上的优势，而是基于相互团结的奴隶主的优越组织，也就是基于权力。”[173]那么，此处讨论的不可能是交往权力。面对统治者的组织和策略，仅靠奴隶的“意见”本身并不能产生权力。奴隶们无法组织起来，无法制定策略。奴隶主的权力是一个群体的优势，它归功于“卓越的组织”，即有效的策略。它不是一种以理解为导向的交往权力，而是一种以成功为导向的集体权力。[174]然而，哈贝马斯将集体权力归结为以理解为导向的交往效果：“汉娜·阿伦特将权力概念从目的论的行为模式中分离出来：权力是在交往活动中形成的，它是一种话语的群体效果，在其中理解就是所有参与者的目的本身。”[175]假如理解确实是唯一的目的，或是目的本身，就不会形成权力空间。

阿伦特多次将权力与组织和策略联系起来，这可能也违背了她原本的意图：“因此，即使在国内政治中，暴力也依然是一种极端权力手段，具有对抗罪犯或反叛者的功能，也就是对抗那些拒绝被多数人的封闭意见压制的个人或逐渐消亡的少数群体。通常是这种多数人的压倒性优势及其意见，委托或批准警察对那些违抗其权力诉求的人使用暴力。即使在战争中，看上去赤裸的暴力确实拥有最终决定权，依然会发生以下情况：在面对装备简陋但组织严密因而更加强大的对手时，在权力手段上的巨大优势仍然无效——正如我们在越南所看到的那样。”[176]这段话表现出一种论证的模糊性，这是阿伦特作品中常见的现象。她首先谈到了国家权力是基于“多数人的封闭意见”的权力。然后，她突然从法治转向战争，即从国家权力转向战争中的工具性暴力，并将其与意见权力区分开来。但在这一点上，她再次强调了权力和组织之间积极的相互作用。组织的权力不能被简单地归结为意见权力。它具有一种策略性质。

哈贝马斯执着于交往权力，他也没有看到权力和策略之间的这种密切关系："对汉娜·阿伦特来说，策略行动也是非政治的。……战争的技巧显然是指有计划地使用暴力手段，无论是为威胁敌人，还是为在身体上压倒敌人。但累积消灭敌人的手段，并不能使超级大国更加强大，军事力量往往足以成为内在软弱无力的对应物（正如越南战争所显示的那样）。此外，以策略为例，很容易将策略行动归入工具性行动。……符合目的理性地使用军事手段，似乎与使用工具或处理生产对象具有相同的结构，因此汉娜·阿伦特不假思索地将策略行动等同于工具性行动。她以战争为例说明：策略行动既是暴力的，也是工具性的；这种类型的行动处于政治领域之外。"[177] 在她的例子中，阿伦特也从政治上思考战争。政治包括策略，但后者不一定与工具性相同。相反，哈贝马斯声称，阿伦特轻易地将策略行动等同于工具性。但阿伦特的情况恰恰相反。她的例子反而表明，策略行动不能被归入工具性行动之下。哈贝马斯把越南人的胜利归功于什么？他们的权力是什么？阿伦特把他们的成功建立在更好的组织上。他们装备简陋，但组织良好。因此，他们的获胜也具有一种策略属性，也是一场战争。相反，哈贝马斯希望将策略和工具性都从交往权力中分离出去。然而，仅靠交往权力永远不会带来胜利。越南战争的例子恰恰展示了一种胜利，这是一种策略的胜利。哈贝马斯在交往权力和工具性暴力之间的严格区分是成问题的，它未能察觉到政治所处的那些策略的中间地带。

“权力的基本现象”，按照哈贝马斯的观点，是“在以理解为目的的交往中形成的共同意志”。然而，这种共识模式大大减少了权力事件。哈贝马斯将权力的一个方面提升为“权力的基本现象”。命令主体和服从主体之间的不对称关系也是一种权力关系，但它不是基于导向理解的交往。两人关系中的权力正是指向这种类型的交往。它更多地在宣告指令。另一方面，与他人共同行动，不一定是基于对权力的需求。

哈贝马斯的权力交往模式忽略了权力的策略—论辩维度。另一方面，仅指向斗争的权力理论[178]，忽略了权力的交往性或集体性维度，这一维度基于共同行动、公共意志和集体自我的建构。然而，时而宣称斗争、时而宣称共识是“权力的基本现象”，这并非很有成效。将共识模式和斗争模式都描述为一种权力的不同表现形式，将会更有意义。因此，我们需要的是一种解释模型，既有“出于自身目的把他人意志工具化”，也有“在以理解为导向的交往中形成的公共意志”，两者呈现出权力的不同形式。

主体性和连续性，或自我和连续体，是两个结构性元素，在所有权力模型中保持不变。权力是自我在他者中延续自身的能力。它创造了一个自我连续体，在其中自我持续与自身同在。政治的权力结构，如国家，也是一个连续体，制造普遍的秩序。它也具有一个主观性结构。集体呈现为一个自我，它维持或宣示自身。国家元首或主权者等形象揭示了其主体性结构。

权力的斗争模式和集体或共识模式，都是以上述权力的结构性元素为基础。共同决议或“种种意志冲动和意图之间的协调”[179]创造了一个由集体自我支持的连续行动。建立在斗争基础上的权力关系，也表现出两个结构性元素。胜利者在失败者中延续自身。因此，他在被打败的他者中与自身同在。因此，权力为他提供了一个自我连续体。鉴于这些权力的结构性元素，斗争模式和共识模式不再是相互对立的。然而，这两种权力模式都并非以纯粹的形式出现。例如，如果斗争发生在群体之间，那么其前提是各群体内部的成员坚定地共同行动。另一方面，没有一种共同行动完全不包含争论或策略行动。意志多元性已经把交往行动塑造为策略性的。

一方面，权力作为一种群体效应，来自以理解为导向的交往行动；另一方面，权力是一种策略行动。哈贝马斯将二者彻底区分开来，然后他又试图将权力重新引入政治之中。把策略行动扩充进政治之中，是为了给产生于交往的权力一个“现实版本”[180]：“政治的概念也必须包括对政治权力的策略竞争，以及政治系统中的权力运作。政治不能如汉娜·阿伦特所论述的那样，与那些相互交谈以完成集体行动的实践相一致。相反，主流理论将这一概念缩小到权力竞争和权力分配的现象，没有公正地对待权力产生这一特殊现象。”[181]哈贝马斯确实希望将权力斗争纳入政治领域。然而，他由于认为权力的肯定方面完全体现在交往行动中，所以错误地把策略性的、以权力为导向的行动视为压制交往的暴力的来源：“……尽管我们不能将策略行动这一因素从政治的概念中排除。我们应当把以策略行动实施的暴力理解为一种手段，借此阻止其他个人或团体追求其利益。在这个意义上，暴力永远是获取权力和宣示占有权力的手段之一。”[182]然而，这种通过策略行动行使的暴力不是公开的暴力，而是一种甚至知道如何将自己伪装成合法权力的暴力。哈贝马斯称之为“结构性暴力”，它以不明显的方式设置了“交往障碍”：“结构性暴力并不表现为暴力，而是在不知不觉中阻断了交往，但只有在交往中才能形成和传播有效的合法性信念。……种种信念被建构，主体用这些信念来欺骗自己，对其处境产生错觉，结构性暴力使这一过程合理化。……在系统性受限制的交往中，参与者形成主观、随意的信念，然而这些信念是虚幻的；因此，他们通过交往产生了一种权力，这种权力一旦被制度化，也可以被用来反对参与者本身。”[183]

哈贝马斯设想了一种纯粹以交往为导向的行动，或说是一种完好的、未受损的交往，因此每一种社会上的不对称性都表现为暴力。仅通过交往产生权力，这一抽象的观念不能通过添加同样抽象的暴力概念而被赋予一种现实版本，而暴力似乎是策略行动本身所固有的。更为现实的观念是，设想一种已经有策略属性的交往。因此，策略行动不是一种暴力的来源，而是一种权力的决定性元素；因此，权力永远不可能是纯粹的交往，或以理解为导向。

只有设想一种交往行动，它同时具有策略意义，才能创造出权力的现实版本。这导向了一种灵活的权力概念，它根据内部的中介结构而采取不同的形式。因此，不对称的关系并非来自暴力，而是来自一种几乎没有中介的权力形式。暴力只是表示一种特殊状况，在这种状况下，中介被降低为零。由于中介的缺失，暴力剥夺了参与交往者的任何自由感。然而在一个权力结构中，受权力支配者完全同意另一方的统治，即便这种统治造成了强烈的不对称，也不是一种暴力关系。

与暴力不同，权力并不排斥自由的感觉。它甚至有意识地制造这种感觉，以稳定自身。意识形态或合法化叙事，通过交往的渠道确立了一种不对称关系，这一过程仍然属于权力层面。暴力从来不是叙事。随着每一段微小的叙事也即中介的尝试，权力便产生了。

政治不仅仅是围绕权力的斗争，这种权力被具体化为一种内在的积极利益。在这一方面，政治超越了“权力政治”。然而，政治也不仅仅是共同行动本身。毋宁说，政治实践以一种明显有力的方式积极塑造或影响了共同行动[184]，但这种共同行动并不仅仅服务于以理解为导向的交往，而且服务于利益或价值的主张。在这一方面，政治永远是权力政治，因为政治交往不能与策略行动分开。仅仅以理解为导向的交往，不仅在政治上，而且在人类学上，甚至在存在论上，都是一个抽象概念。构成政治行动的不是共识，而是作为权力平衡的妥协（Compromittere）。妥协意味着将某一事项的决定权留给仲裁者。因此，政治是一种权力和决策的实践。

权力的伦理学

Ethik der Macht

在《大地的法》中，卡尔·施米特提醒人们注意“土地”制造法律的能力，以及法律的“土地”起源。“夺取土地”是“构成法律程序的原始类型”。它建立了“最初的空间秩序，所有后续的具体秩序和所有后续法律的起源”[185]。因此，夺取土地在总体上开启了法律空间，使地球首先成为一个地方（Ort）。施米特认为，秩序就是“定位”（Ortung）。[186]

在《在通向语言的途中》中，海德格尔也指出了一种定位：“最初，‘地方’这个名字意味着矛头。一切都在其中汇合。这个地方向自身聚集，成为最高和最大的。”[187]地方建立了一个秩序，一个“法”（nomos）[188]，它支撑和捆绑一切存在物，并给它一个立足点、一个居所。这个地方的定位无须任何暴力。“被召集者”没有受到任何胁迫。海德格尔的地方是以强中介为特征的。这个地方“照亮”和“穿透”了所召集的一切，使之成为自身。因此，它“向自身聚集”以“达到最高和最大”，因为它不压制所聚集的一切，而是“首先把它们释放到其存在中”。

有趣的是，海德格尔并没有进一步思考地方的形态学问题。这个地方指的是矛的尖端。尖端暗指这个地方是有中心的。这个地方把一切都招集到自身。因此，它的结构是自我中心的。矛尖也绝非友好的，它可以产生暴力和胁迫。海德格尔没有考虑到压制和统治的可能性。他只注意到一种可能性，即矛尖在最高中介下的情况。然而，如果这个地方的中介能力很差，矛尖就会表现为胁迫和压制。

海德格尔并没有把地方与权力联系起来。[189]然而，地方的形态学导致一种可能性，即把定位本身解读为权力事件。这个地方“向自身聚集”，“召集自身”。所有力量都汇聚在顶点，形成一个连续体。这个地方的基本特征是向自身的牵引。它把一切都聚集在自己身上，形成一个以自我为中心的连续体。向自身的牵引和连续体的形成使定位成为一种权力事件。一切都汇聚其上的矛尖，指的是地方的自我性，即渴望自身。德里达还认识到，自我概念和权力概念是重合的："武力、权力和统治的概念，包含在自我概念的结构中。"[190]一个政治场所的主权也基于这种自我性。财产、房屋（oikos）或资本也预示着地方的自我性。因此，每个权力结构都是以自我为中心的。

全球化进程松动了权力和领土的纽带，看起来像"准国家"[191]的跨国权力结构，不受任何特定领土的约束。他们不是土地上的居民。这里不需要经典意义上的"夺取土地"来建构或扩大权力。然而，全球化并没有完全消除定位的逻辑。毕竟，定位意味着产生了一个以自我为中心的有组织的空间，将所有的东西都召集到自身。跨国的权力结构确实已经突破了"领土、民族国家组织的权力游戏的牢笼"，但他们并不是无定位的（ortlos）。他们占据了新的空间，但不受任何国家领土的约束。没有任何地方不存在权力建构。在全球化过程中，去领土化运动首先成为焦点。然而，全球化产生了不同形式的重新定位。这就是它的辩证法。

权力事件是在领土和"数字空间"[192]中的定位。如果全球时代的空间主要是以数字方式打开，那么定位也是以数字方式发生的。对于权力的形成和扩张，那么就需要进行数字化的土地掠夺，数字化地获取空间。就权力的逻辑而言，土地上的和数字化的定位没有本质区别。[193] 谁征服或支配了数字空间，他便掌握这里的权力。市场也是一个通过经济上的土地掠夺而被占领的空间。争夺的是市场份额，如同争夺空间。全球市场不再有和土地的关联，但这并不意味着定位是多余的。在这里同样重要的是，安置自身，给自身定位。“兼并”或“收购”与土地掠夺没有本质区别，它们同样扩大权力。

权力伦理化的问题是鉴于权力的集合结构而产生的。权力是中心化的。它把一切都聚集在自我身上，聚集在一个人身上。如果它转变成一个绝对之物，那么其周边事物或物种多样性就只能被视为要铲除的对象。那些躲避或抵制“唯一性”的空间，因此被清除或失去有效性，成为非一地（Ab-Orten）。问题是，权力本身是否具备这种能力，甚至怀有善意，来重新定位这些非一地。[194] 权力当然有能力进行中介。因此，它并没有从根本上排除自由。但符合权力的中介是有限度的。权力是自我中心的，本身就具有主体性。每一个政治或经济体都在努力争取自我，宣示自我。对自身的意志一直以来已经包含在权力概念之中。没有这种以自我为中心的努力，就不会出现权力结构。恰恰是“矛头”指向了这种自我性，它存在于每个权力结构内部。

权力的绝对性在于绝对豁免权，在于自我的绝对不可侵犯。因此，德里达将权力的伦理化与某种“自身免疫”[195]联系起来，这将导致自我性的衰弱。自身免疫力应该产生一种对“差异”的开放态度，对“不能被一个主权国家的自我性和一种可估算的知识占有之物”保持开放。[196]然而，德里达论述的“自身免疫”并非没有问题。如果它导致完全的自我毁灭，那么它将是一种绝对的灾难。这将导致反常状态、无政府状态，以及地方或家园（oikos）的彻底解体。然而，失去了家园，也就失去了友善的待客之道。权力的伦理化要求各地方超越其自我中心的诉求，要求它不仅为一个人，而且为多元性及其周边事物提供空间，乃至居所，要求它接纳一种源初的友善，这种友善维持、支撑着自我的诉求和意愿。从友善中产生的行动，与从权力中产生的行动不同。权力本身缺乏对差异性的开放态度。它倾向于自我和同一的重复。因此，如同定位朝向顶端一样，资本中也蕴含了这种诉求[197]，也有自我重复和自我扩张的趋势。

福柯的作品中已经存在一种权力伦理学的雏形。20世纪 80 年代，他倡导一种以自由思想为主导的权力概念。面对“人们到处都看到权力，因此没有自由的地方”这一问题，福柯的反应相当严厉。他反驳道：“如果在每个社会领域中都有权力关系，那正是因为，到处都有自由。”[198] 福柯试图通过将权力关系与自由紧密联系起来，使其与统治或胁迫脱钩。按照这种观念，权力关系以自由为前提，不仅因为权力是通过压制对方先前存在的自由而产生的。相反，自由是权力关系本身的重要因素，甚至是根本因素。权力只能在“自由主体”之上实施。这些人必须保持自由，权力关系才能持续存在：“在控制饱和的地方，不存在权力关系；当人被锁在铁链上时，在奴隶制下，没有权力关系（这是一种物理上的强制关系），而只有当他可以移动，并且在极限情况下可以逃脱时，才形成权力关系。因此，权力和自由并不处于一种相互排斥的对立关系中（哪里行使权力，自由便会消失），而是处于一个更为复杂的游戏中：在这个游戏中，自由在很大程度上是权力的存在前提。”[199]

福柯此处的论证并非很有说服力。奴隶制，即使奴隶被铁链锁住，也是一种权力关系。他仍然有可能说“不”，即使面对死亡的威胁也拒绝服从主人的命令。在这一点上，被铁链锁住的奴隶也是自由的。他仍然可以在死亡和顺从之间做出选择。并非移动或逃跑的可能性，而是奴隶选择说“是”，导致奴隶制成为一种权力关系。当奴隶拒绝任何服从时，主人在这一刻就失去了权力。奴隶是否被铁链锁住，或是否有逃跑的可能性，这一点并不重要。最低限度的自由，即说“不”或“是”的可能性，是权力关系的前提条件。但这并不能证实以下假设，即权力是一种游戏。

单纯的暴力不允许说“是”或“不”，即不允许选择，这将使他者变成一个绝对被动之物[200]，而权力关系本身必然包含着抵抗的可能性。“不”是一种抵抗形式。即使受制于权力者自由地选择了绝对服从统治者，也在原则上具有反抗的可能性。然而，在统治者完全不会遭遇抵抗的地方，权力是最大的。不仅在无限的暴力中，而且在无限的权力中，都没有抵抗。因此，确实存在一种不包含抵抗的权力关系。福柯显然没有认识到这种情况，他完全遵循了斗争范式。权力现在采取了一种竞赛的形式：“如果反抗和不服从的自由，正是权力关系的核心及其持续存在的条件，那么就不存在没有抵抗、没有逃跑或脱离、没有逆转可能性的权力关系。”[201]

按照福柯设想的新概念，权力内部包含了一种游戏因素，这一因素恰恰阻碍了统治，因为统治不允许开放性，不允许“运动的可逆转性”。这种统治概念并非没有问题。统治与权力关系并不是完全对立的。统治状态是一种权力关系达到稳定的状态。此外，游戏的开放性并不是权力的本质。权力恰恰倾向于减少公开性。也许正是对公开性和不稳定性的恐惧助长了对权力的渴望。权力试图巩固自身，稳定自身，通过铲除开放的游戏空间或不可预测的空间。权力空间是策略空间。然而，策略的开放性并不等同于游戏中固有的愉悦的开放性或不确定性。

如果福柯将权力定义为一种“开放的”游戏，或者强调呼吁“自由的实践”，那么他制定的权力概念已经包含了对权力的某种批判。权力作为一种“开放的策略游戏”，正如福柯本人所述，恰恰不是“通常被人们称为权力之物”[202]。福柯发展的新的权力概念，来自自由的精神。这种精神要求“为自身设立法规、领导方式以及道德，设定一种伦理和自我实践，以便在权力游戏中发挥最小的支配作用”[203]。因此，一种自由的精神守护着这样一个事实：权力不会固化为统治，它仍然是一个开放的游戏。

就权力的逻辑而言，不可否认，权力关系以最低限度的自由为前提。因此，对于一个毫无抵抗、完全被动之物，不存在权力关系。然而，福柯着重强调了“自由”一词。他把权力事件与一种自由概念联系起来，远远超出了权力逻辑的最低要求。他把权力事件与“自由的实践”联系起来，这一实践的前提是从“强制道德”中“解脱”[204]。

福柯悄无声息地进行了转换，从自由作为权力关系的结构性前提转向一种自由的伦理学，这体现出论证的模糊性。福柯将自由从权力关系的一个结构性要素，转化为一种伦理品质。然而，这并不是权力本身所固有的。通过从权力逻辑到权力伦理的非常脆弱的转变，福柯引入了权力和统治之间的区别。

福柯的权力概念基于“自由实践”[205]，但过于含糊。显然，福柯想把权力和自由结合起来。然而，与黑格尔不同，黑格尔设想的“自由权力”是以协调与和解为导向的，福柯则将权力事件自始至终理解为斗争。然而，他将权力转变或弱化为一种公开的竞赛，而没有一种顶端的统治。通过这种方式，他将权力保持在游戏的悬浮状态。这种权力的概念是非常不自然的，它远离了真实的权力事件。

在 20 世纪 80 年代，自由概念主导了福柯的思想。他提出的权力新概念也受到其自由观的影响。福柯认为，伦理是一种“自由的实践”。自由是“伦理学的存在论条件”[206]。福柯提到了古代的自我关怀实践，据称其内容是“从我们所依赖的、我们无法掌控的、我们不能主导的事物中解放出来”，以及“建立一个封闭的、完整的自我指涉”[207]，也就是自身所有权（Selbstbesitz）。这种自我关怀，以自由为宗旨，也隐含了对权力运作的担忧。按照这种伦理学，滥用权力的结果是成为“自身快感的奴隶”。这将导致自由的丧失，以及“对自身的奴役”。“个体对自身的态度，在个体快感面前保持其自由的方式，他对自身行使的主权，是幸福和良好政治秩序的构成要素。”[208] 从古希腊罗马思想出发，福柯将自我关怀实践与获得正确使用权力的能力联系起来。因此，“支配他人和对他人施加暴政的危险”源于“一个人没有照顾好自身，沦为了快感的奴隶”[209]。因此，应当“摆脱这种循环，即在（对他人的）暴政和（被自身快感）压制的心灵之间的循环”。“对自身的完美权威”，是政治上实施权力的“内部的管理原则”。因此，福柯引用了柏拉图的话：“最具有国王风范的人是自己的国王。”（*basilik ótatos basilie úon hautû.*）[210]

这里成问题的是，假设行使暴政的权力和被快感压制的灵魂之间存在联系。完美的自我管理或“对自身的权威”原则上并不排除暴政。此外，对自我的关怀可以完全脱离对他人的关怀。自我关怀和他者关怀之间的最终纽带，完全是基于这一考量，即他人的福祉最终有益于自身的福祉。一旦超出了这种交换经济的循环，自我的伦理学便不能将他人纳入自我的视域中。此外，必须对权力和暴力做出区分。“专制权力”实际上是一种暴力。它没有能力做出任何中介。相反，权力必须包含他人，才能在他人的心灵中驻扎，才使自身变得坚不可摧。权力内部也包含了对中介的关注。它从不是盲目的。相反，对中介视而不见的暴政则会破坏权力的稳定。

福柯将自我关怀提升为一种伦理原则，较之对他者的关怀，他赋予自我关怀更高的地位：“人们不必将对他人的关怀置于自我关怀之前；从伦理上讲，自我关怀是第一位的，因为自我指涉在存在论上是第一位的。”[211]那么，是否可以直接假设伦理学和存在论之间具有连续性呢？伦理学和存在论之间的区别不正是在于，在伦理学中，自我指涉在存在论上的首要地位受到了质疑？伦理学中固有的追求，不正是质疑那种将自我指涉放在首位的存在论吗？

福柯的权力伦理学，建立在自我关怀的伦理学之上。它以自我为导向，无法揭示出更多的空间，那些超越了权力意向性，即超越了回归自身的权力空间。[212]权力本身是一种自我或主体性现象。福柯的权力伦理学没有开启一种他者权力，后者产生一种对于回归自身的反抗作用。福柯的权力伦理学也不能产生友善，它恰恰清晰地展示出在自我关怀式家庭中缺少了什么。

颇为有趣的是，福柯坚持自我主导的范式。显然，他继承了这样一种欧洲文化传统，“在这种文化中，人们不断试图建立一种自我的伦理学和自我的美学”[213]。除了蒙田、波德莱尔和叔本华之外，福柯还将尼采纳入这一传统中。尼采的权力哲学当然带有自我的伦理学和美学特征。但与此同时，尼采的理论也发展出一种动力学或辩证法，引导权力超越自身。

尼采要求，一个人应当尽可能对自己诚实！生活“本质上是占有、侵犯、压制陌生者和弱者、镇压、严酷、强制施加自我的形式、吞并，或者最低也最温和的，是剥削”[214]。剥削不属于“败坏的或不完善的、原始的社会”。作为一种

“有机体的基本功能”，它属于“生命的本质”。它是“真正权力意志的结果，而权力意志正是生命的意志”。每个生命体都想“增长、攫取、吸引周边事物、占据主导地位”，而这“并非源自任何道德或不道德的观念，而是因为他活着，因为生命正是权力意志”。

行使权力在这里意味着将自我强加于他人，自我在他人身上过度生长、过度蔓延，即在他人身上延续自我，或者穿透他人，搭建一种连续性、一种自我连续体。权力本身是一种对自我的渴望（*Sich*-Wollen）。权力无法从自身内部产生对抗措施来反抗这种意图，即反抗对自我的渴望，一切转向他者的行动都同时是向自我的回归，也就是说，一切对他者的关怀都不会超越自我关怀。权力与这种持续的自我指涉和自我满足，以及持续的回归自身联系在一起：“权力的感觉首先是征服，然后是支配（组织）——它管理已被征服者，以便保存他们，它保存了已被征服者本身。”[215]

尼采并不把权力只归属于人类行为。相反，权力被提升为一般的生命原则。甚至单细胞生物也在努力争取权力：“让我们以最简单的情况为例，即基本的进食：原生质伸出它的伪足，寻找抵抗它的东西，不是出于饥饿，而是出于权力意志。”[216]真理也被解读为一种权力事件。事实上，真理是一个光学镜片，有权力者将其作为自身的视角注入他人之中，并在他人中延续自我。它是一种统治的媒介。美也遵循权力的经济学：“形式的肆意发展：最美丽的只能是最强壮的：作为胜利者，他们维持自身，并为他们的类型而感到欣喜，繁衍后代。”[217]权力确保了一种类型的繁衍。因此，它创造了一种连续性。哲学家也努力延伸自己的光学镜片，从而延续自身。因此，尼采这样阐释柏拉图的理念，“甚至哲学也是一种崇高的性冲动和生育冲动”[218]。

因此，“征服”、“剥削”或“侵犯”都属于“生命的本质”。它们反映了权力意志，这种意志赋予生命活力。每个生命体都想增长，攫取、吸引周边事物。面对这种普遍的、无所不能的权力意志，出现了一个棘手的问题，即“对一切生命的厌恶”从何而来，而这正体现了“强大心灵的沉静”[219]。尼采显然不同意将权力归于一种剥削或压制的否定形式。相反，他把权力与种种其他属性交织在一起，从根本上改变了权力的特征。例如他把正义说成是一种“向四周远眺的权力的功能”[220]。剥削性或压制性的权力当然也可以向四周远眺。然而只要它仍然以自我为中心，环顾四方的目光最终只会朝向自我。权力将远方纳入视野，仅仅为了扩大自我的范围。只有当权力被一些事物触动，而这些事物并不围绕权力自身旋转时，权力才能够为了远方、为了远方的事物而眺望。然而正义具有“高度、明确的客观性，深入且宽容地看待问题”[221]，并不是一种纯粹的权力效应。它那“关怀的目光”[222]，也会转向渺小、短暂之物，并不等同于权力的目光。权力不熟悉那种“极温柔的情绪”[223]，那种目光柔和的友善。只有一种不属于权力的、陌生的品质，才能帮助权力获得宽广、长远、友好的目光。

严格来说，正义引发的运动是与权力的集合结构相对立的。权力中固有的是向统一的牵引。因此，权力不会友善地对待众人、多重性、多样性、旁观者、偏离中心者。相反，正义想要“给予每个人属于他的东西，无论他是生者或死者，是真实的或虚构的”[224]。因此，正义既不是以自我为中心，也不是中心化的。尼采也称其为“信念的反对者”。正义者更多地倾听事物，而不是听从自我。放弃信念同时也是放弃自我。因此，有必要更多地从事物的角度去倾听，更多地超越当下的信念去开阔视野，这种当下的信念总是包含着一种自我的信念。正义者放弃了自己的判决，因为这种判决总是来得过于急促。判决已经是对他者的背叛："罕见的克制。——这往往是人道主义的标志，不愿评定他人，拒绝对他人做出判断。"[225]一个人通过悬置个人的信念，悬置对他人的看法，通过听、倾听，通过放弃个人的判断，也就是放弃自身，来实现正义。因为自我总是来得太急促，而有害于他人。这种罕见的节制不可能来自权力本身。迟疑不决不是权力的固有特性。权力本身从不拒绝评定他人，也不拒绝对他人做判断。相反，权力正是由判断和信念组成。

只有"向四周远眺的权力"，也就是拥有"关怀目光"的权力，才能在不产生非一地的情况下定位。因此，它建立了一个公正的地方，给予"每个人""属于他的"。尼采并没有止步于这种公正性。他显然设想了一种无边际的友善，无差别地欢迎每个人、每件事物："……一切生成者、徘徊者、追求者、转瞬即逝者，都将在这里受到我的欢迎！好客是我现在特有的友善！"[226]这种独特的好客之道给予每个人超过给予他自身。在这一点上，好客之地与公正之地不同。海德格尔论述的地方也是一个公正之地，因为它"照亮和穿透了所集合之物，从而释放了它的本质"。但它不能发展成无边际的好客，后者也会接受"集合"之外的事物。

在《朝霞》中，尼采用一种贵族式的友善（Freundlichkeit）来反对基督教的邻人之爱（Nächstenliebe）："另一种邻人之爱。——那些不安的、嘈杂的、不对等的、紧张的存在，是伟大激情的对立面：伟大的激情在人的内心深处静静地燃烧，在那里聚集了全部光和热，使他的外表看上去冷酷、漠不关心，在他的容貌上刻下了无动于衷的印记。这种人偶尔会有邻人之爱，但这种爱不同于善于交际和卖弄风情之人的爱：这是一种温和、体贴、从容的友善；他们仿佛透过其城堡的窗户向外张望，这城堡是他们的屏障，因而也是他们的牢笼：观察陌生的、自由的世界，观察他者，这对他们有益！"[227] 在这种贵族式的友善[228] 状态下，自我仍然是自己的囚徒。尼采取消了界限，把它定义为一种无条件的好客，没有任何"不稳定性"，没有城堡，没有自我的屏障。这里涉及一种"危险的疏忽"，一种"充盈的心灵的疏忽，它从不费心去交朋友，而只懂得好客，总是实践并且懂得如何实践好客——心和房间向任何想进入的人开放，无论他们是乞丐、跛子还是国王"[229]。与这种无条件的好客相对立的，是那种在朋友身上看到"第二自我"[230] 的友谊。它之所以是一种"危险的疏忽"，因为它不是一种自我关怀，因为它从不操心自我。

从权力的自我中心式经济结构出发，无法解释为什么观察陌生世界和他者对那位强大的城堡主如此有利。这种凝视并不出于征服的意图，也无法解释为什么对于有权力者来说，自己的城堡是牢笼。是什么促使他把目光从自己身上转向他人，将他的视线完全投向陌生世界？是什么导致有权势的人超越了贵族式的友善，变成了无差别的、无条件的、不对等的友善？[231]一种以自我为中心的权力，如何能从自身产生这些友善，这种对他者的友善？

尼采错误地将友善追溯到权力，即追溯到“想要泛滥的权力”[232]。慷慨是“权力过剩所产生的冲动”[233]。因此，权力的自我中心特质不容置疑。有权者的道德的本质正是“自我美化”[234]。然而，这种“想要给予和馈赠的富足的意识”，确实能建立在自我美化的基础上吗？作为权力基础的意向性，将重新把一切馈赠据为己有。统治者在馈赠中获得愉悦，因为这显示了他的权力。例如，在这个意义上，恩典是对统治者的权力和自我的最高肯定。在馈赠中，他满足自身。然而，这种自我满足使泛滥变得不可能。这就是自我的泛滥。这种泛滥的特点恰恰在于，不能重返自我。

尼采还将贵族与“暴民”和“暴力统治”进行了对比：

“因此，我的兄弟们啊，需要一种新的贵族，它是所有暴民和所有暴力统治的对手，并将‘高贵’一词重写在新的石板上。”[235] 在这里，尼采区分了高贵的权力和作为暴政的权力。然而这一区分的前提是，权力本身并不高贵。统治者脱离平民，用贵族的光环环绕自身，这并不是权力的效果。权力本身并不能从自身出发上升到富足的状态，这种状态是高贵的标志。由于权力之中包含欲望，权力永远无法唤起富足的感觉。充盈或丰富并非仅仅来自权力的积累。权力也许永远无法摆脱匮乏的感觉。

权力自身，即便是富足的权力，也不会使心灵漂移到那种“危险的疏忽”，而变得只懂好客。由于权力以自我为中心，不能做到那种无边界的好客，不能把房子向每个人敞开。尼采非常清楚，自我的经济结构将导致什么形式的好客：“好客。——在好客的习俗中蕴含的意义是：麻痹陌生人身上的敌意。一旦人们不再立即在陌生人身上感受到敌意，好客之道就会减少；只要这种危险的假定依然兴盛，好客之道就会兴盛。”[236]

友善并不是权力的内在品质。相反，权力必须被一些不属于它自身的事物触动，以便权力的中介能够超出其可能的中介范围。友善也是一种中介，甚至是一种强烈的中介形式，但它缺乏权力的意向性，即主体性的“至高地位”。友善之地与权力之地不同，因为它并不完全从一个人的连续性角度出发，来看待孤立的或相邻的事物，它也允许他们在自身的如此存在中发光。友善的定位超越了权力的定位。这样一来，友善便不会产生非一地。友善抵抗那种对空间的清除（entorten），权力则永远无法完全避免这些效果。

即使权力在其富足状态下表现为无条件的好客，它也与权力的另一面相邻。它已经成为一种超级权力，在其内部包含了一种独特的权力的自我否定（Selbstaufhebung），从其中发出无边无际的馈赠，不能通过返回自身或自我意愿将之重新据为己有。这种馈赠，仿佛无意识、无目的地发生；一种无边无际的友善，其产生甚至先于对他人的关心，先于对他人的任何强调意义上的关怀。

尼采，这位不同寻常的“权力意志”哲学家，当他召唤另一种权力和意志时，我们要认真倾听：“在窗外，澄明、和煦的阳光下沉思的秋天，北方的秋天，我爱它如同爱一位挚友，因为它是如此成熟，如此无欲求、无意识。无须一阵风，果子便从树上掉下来。……在一片寂静中，它坠落，并感到幸福。它不为自己谋求任何东西，却奉献了自己的一切。”[237] 这里所召唤的是一种“在那里”（Da），它无欲求也无意识，没有自我，没有名字[238]，没有渴望。尼采的“权力意志”哲学，按照福柯的说法，是一种“自我的伦理学和美学”，它导致了一种无名学（Nemologie），一种“无人”（Niemand）的伦理学和美学，一种无意图甚至无欲求的友善。[239] 尼采很可能一再听到那神圣的声音，敦促他把自己赠予他人，把自己清空（entleeren），成为“无人”：

> 你想要馈赠，想把你的剩余赠送出去，
> 但你自身就是最多余的！
> 明智些吧，你这个富人！
> 查拉图斯特拉啊，先把自己赠予他人吧！[240]

注 释

[1] 参阅尼克拉斯·卢曼（Niklas Luhmann）:《权力的经典理论：对其前提的批判》（“Klassische Theorie der Macht. Kritik ihrer Prämissen”），载《政治学期刊》（*Zeitschrift für Politik*），1969年第2期，第149~170页。此处第149页。

[2] 乌尔里希·贝克（Ulrich Beck）在《全球化时代中的权力和反权力》（*Macht und Gegenmacht im globalen Zeitalter*）中正确地指出：“不言而喻、被遗忘和权力的大小是正相关的。人们几乎可以说：在没有人谈论权力的地方，它确定无疑地存在着，在它的不容置疑中，同时是其稳固和强大。当权力成为一个话题时，它的解体就开始了。”（法兰克福，2002年，第105页）

[3] 参阅卢曼《权力》（*Macht*）：“事实上……由于存在权力落差和可预见的权力判决，对于受支配者来说，建构意志没有任何意义。然而这正是权力的功能：它确保了可能的效果链条，显然独立于受权力支配的行为人的意志——无论他是否

愿意。权力的因果性在于意志的中立化，而不一定在于打破受支配者的意志。它甚至影响到受支配者，而且恰恰是在他心甘情愿行动的时候，然后得知：无论如何他必须这样做。”（斯图加特，1975 年，第 11 页及以下）

[4] 另一方面，如果权力被等同于胁迫和压制，它就被解释为否定的能力。这种观点没有认识到，肯定实际上表达了更高权力。肯定不一定源于无力感。参阅沃尔夫冈·索夫斯基（Wolfgang Sofsky）和雷纳·帕里斯（Reiner Paris）《社会权力的图式：权力—代表—联盟》（*Figurationen sozialer Macht. Autorität-Stellvertretung-Koalition*）：“一个没有权力的社会将是一个只有肯定者的社会。谁想废除它，都必须剥夺所有人说不的能力。因为一个人的行动是以另一个人的反抗而结束的，他不可避免的独立和自由，必须做一些预期之外的事情。这就是权力所反对的。它扩大了一个人的自由并反抗他者，通过破坏他者的否定性，从而否定他者的自由。权力是破坏自由的自由。”（法兰克福，1994 年，第 9 页）

[5] 参阅恩斯特·H. 康托洛维茨（Ernst H. Kantorowicz）：《国王的两个身体：中世纪政治神学研究》（*Die zwei Körper des Königs. Eine Studie zur politischen Theologie des Mittelalters*），慕尼黑，1990 年。

[6] 卢曼：《权力》，第 12 页。

[7] 卢曼：《权力与系统：政治学中的权力分析方法》（“Macht und System. Ansätze zur Analyse von Macht in der Politikwissenschaft”），载《大学：科学、艺术和文学》（*Zeitschrift für Wissenschaft, Kunst und Literatur*），1977 年第 5 期，第 473~482 页。

此处第 476 页。

[8] 参阅卢曼《权力》:“只有在商品稀缺的情况下，一个人的行动选择才会影响他人，这种情况就会被一种交往媒介所调节，这种媒介将一个人的行动选择转移到其他人的共同经历中，并使之在那里被接受。”(第 13 页)

[9] 马克斯·韦伯(Max Weber):《经济与社会》(*Wirtschaft und Gesellschaft*)，上卷，图宾根，1976 年，第 28 页。

[10] 卢曼:《社会学的启蒙 4：社会的功能分化》(*Soziologische Aufklärung 4. Beiträge zur funktionalen Differenzierung der Gesellschaft*)，奥普拉登，1987 年，第 117 页。

[11] 参阅卢曼《权力与系统》:“直接冲突或身体暴力的威胁确实是一种非常有效的权力手段，因为它不依赖于环境。但对于复杂过程来说，它过于粗糙了。一个只知道以暴力作为权力手段的系统，缺少分化，生产力低下。一个复杂的系统依赖于结构精细的控制或动力机制。单纯的肌肉力量在这里无济于事。一个复杂的系统中出现了一些形势，在此，间接的、不太明显的权力手段比暴力威胁更有效地发挥作用。”(载《大学：科学、艺术和文学》，1977 年第 5 期，第 476 页)

[12] 卢曼:《社会学的启蒙 4：社会的功能分化》，第 119 页。

[13] 卢曼:《权力》，第 9 页及以下。

[14] 卢曼:《权力的经典理论：对其前提的批判》(“Klassische Theorie der Macht. Kritik ihrer Prämissen”)，载《政治学期刊》(*Zeitschrift für Politik*)，1969 年第 2 期，第 149~170 页。此处第 163 页。

[15] 伦西斯·利克特(Rensis Likert):《管理的新模式》(*Neue*

Ansätze der Unternehmensführung），伯尔尼 / 斯图加特，1972 年，第 63 页。

[16] 卢曼：《权力与系统》，第 477 页。

[17] 参阅福柯：《认知的意志：性与真理》（*Der Wille zum Wissen. Sexualität und Wahrheit*），法兰克福，1977 年，第 171 页。

[18] 按照韦伯的观点，组织的官僚化和匿名化形成了一种没有任何“魅力”（Charisma，直译“卡里斯玛”）的权力。韦伯认为，真正的魅力型统治不需要政府机关，不需要官员，亦不需要法规，其中没有机构和权限。韦伯将其与“官僚统治”进行对比，后者受制于推理、分析式的规则。正是由于缺乏规则，魅力从根本上降低了复杂性。这可能就是它的诱惑力。所有的魅力型统治都适用这句话：“经上记着说——但我告诉你们。”参阅《经济与社会》，第 141 页。

[19] 卢曼：《权力与系统》，第 479 页。

[20] 同上书，第 480 页。

[21] 同上。

[22] 同上书，第 481 页。

[23] 同上。

[24] 保罗·蒂利希（Paul Tillich）也强调需要有一个总体性的权力领域，在超越国家的层面运行。参阅《权力问题：论其哲学基础》（*Das Problem der Macht. Versuch einer philosophischen Grundlegung*）：“目前，为实现其社会存在而创造权力职位的最终的总体性群体是民族国家，其主要代表是‘国家政权’，即作为社会存在的最全面的承载者。主权是一个权力集团的特征，它不再属于一个整体性的集群。邂逅发生在一个不稳定的

平衡中，其形势不断变化。在缺少公认的权力地位的情况下，任意威胁和使用武力基本上是伸张权力的唯一形式。只有通过建立一个具有许可度和法律约束力的总体权力地位，即通过建立一个废除主权的超国家实体，才有可能改变这种状况。”（见蕾娜特·阿尔布莱希特［Renate Albrecht］编《蒂利希全集》，第2卷，斯图加特，1962年，第193~208页。此处第203页）

[25] 集中营的恐怖当然是基于这种赤裸的暴力。沃尔夫冈·索夫斯基用“绝对权力”一词来描述集中营的恐怖，这是不准确的。绝对权力预示着一种交往性中介，而这是赤裸的暴力完全缺乏的。参阅索夫斯基：《恐怖的秩序：集中营》（*Die Ordnung des Terrors: Das Konzentrationslager*），法兰克福，1997年。对黑格尔来说，“绝对权力”完全不是恐怖暴力。参阅《宗教哲学讲演录I》（*Vorlesungen* über *die Philosophie der Religion* I）：“绝对权力并不统治；在统治中，他者消失——而在这里，他者仍然存在，但却服从，作为一种手段。”（见摩尔登豪尔、米歇尔编《黑格尔著作集》［共20卷］，第16卷，法兰克福，1970年，第417页）并非绝对权力，而是绝对、赤裸的暴力，完全抹杀了他者。

[26] 埃利亚斯·卡内蒂（Elias Canetti）：《群众与权力》（*Masse und Macht*），汉堡，1960年，第287页及以下。

[27] 同上书，第323页。

[28] 尼 采：《遗 稿，1882—1884年》（*Nachgelassene Fragmente*, 1882—1884），见柯利（G. Colli）、蒙蒂纳里（M. Montinari）编《尼采全集（批判研究版）》（*Sämtliche Werke. Kritische Studienausgabe*，以下简称KSA），第10卷，慕尼黑/柏林/纽约，

1988 年，第 298 页。这是尼采的夸张式修辞尤为生动的段落之一。然而，众所周知的难民营居民“穆塞尔曼”（Muselmann）的故事，使人们有可能想象一种语言以一种可怕的方式被简化为纯粹的甚至是绝对的命令。正如故事中所说的那样，穆塞尔曼无法分辨出刺骨的寒冷和营地管理员的命令。在这里，对方的话语实际上是作为一种刺痛或疼痛的咬合而被身体感受到的。身体上的疼痛和文字之间的这种接近，有力地指出了一种侵犯语言的可能性（Möglichkeit der Sprache der Verletzung）。

[29] 尼采：《论道德的谱系》（*Zur Genealogie der Moral*），见 KSA，第 5 卷，第 260 页。

[30] 参阅尼采：《遗稿，1885—1887 年》，见 KSA，第 12 卷，第 142 页。

[31] 参阅尼采：《善恶的彼岸》（*Jenseits von Gut und Böse*），见 KSA，第 5 卷，第 145 页。

[32] 尼采：《遗稿，1885—1887 年》，见 KSA，第 12 卷，第 97 页。

[33] 尼采：《遗稿，1884—1885 年》，见 KSA，第 11 卷，第 699 页。

[34] 尼采：《遗稿，1885—1887 年》，见 KSA，第 12 卷，第 114 页。

[35] 尼采：《遗稿，1887—1889 年》，见 KSA，第 13 卷，第 44 页。

[36] 尼采：《论道德的谱系》，见 KSA，第 5 卷，第 314 页。

[37] 尼采：《遗稿，1885—1887 年》，见 KSA，第 12 卷，第 140 页。

[38] 尼采：《遗稿，1880—1882 年》，见 KSA，第 9 卷，第 637 页。

[39] 尼采：《偶像的黄昏》（*Götzen-Dämmerung*），见 KSA，第 6 卷，第 118 页。

[40] 布克哈特在其《世界历史沉思录》（*Weltgeschichtliche Be-*

trachtungen）中写道："权力本身就是邪恶的，无论谁行使它。它不是一种坚持，而是一种贪婪，而且本身是永不餍足的，因此本身就是不幸的，因此也必须使他人不幸。"（斯图加特，1978 年，第 97 页）卡尔·施米特指出，按照布克哈特的说法，在其身上显示出权力邪恶面目的统治者都是现代统治者，邪恶权力的论调从 19 世纪才开始传播。因此，他假设这种对权力的谴责可归因于权力的人性化。参阅《论权力和成为当权者的途径》（*Gespräche* über *die Macht und den Zugang zum Machthaber*），柏林，1994 年，第 25 页及以下。权力的去神学化或世俗化使其失去了神性或神圣合法性的灵光。这种历史背景使尼采的"权力意志"哲学获得了特殊意义。尼采将权力提升为一种普遍原则，从而使权力重新获得尊严。在神圣的大地上，它重新获得了神圣的广度。另一方面，早期的尼采还没有形成一个肯定的权力概念。因此，他遵循了布克哈特关于邪恶权力的论述，但仅在形式上；因为即使在这里，尼采也将"本身邪恶的"权力置于艺术和文化的生产过程中。事实上，它是一种必要的恶。它就像"秃鹫，啄食着普罗米修斯一般的文化推进者的肝脏"。因此，艺术和文化在"可怕的土地"上蓬勃发展。根据这种文化理论，权力并不直接或肯定地参与文化和艺术的形成，但权力如同它们否定性的酵素。参阅《遗稿，1870—1873 年》，见 KSA，第 1 卷，第 767 页。

[41] 福柯：《认知的意志》，第 106 页。

[42] 参阅欣里希·芬克-埃托尔（Hinrich Fink-Eitel）：《福柯导论》（*Foucault zur Einführung*），汉堡，1989 年，第 115 页。

关于福柯论述的权力主题，吉奥乔·阿甘本（Giorgio Agamben）也只注意到了其否定形式。他再次剥夺了权力的肯定性，而福柯在其权力分析中反复提到了这一点。根据福柯的说法，“生命权力”（Bio-Macht）的意图不是死亡威胁，而是对生命的管理和组织，阿甘本却将生命权力与一种暴力相重叠，该暴力产生了“绝对可被杀害的生命”，一种没有任何法律调节的赤裸裸的生命，即神圣人（*homo sacer*）。参阅《神圣人：至高权力与赤裸生命》（*Homo sacer. Die souveräne Macht und das nackte Leben*），法兰克福，2002 年，第 95 页。相反，福柯将生命权力解释为一种通过规范和常态化来控制生活的行动，即将其结构化并赋予其意义。它的目的不是为了排除或禁止，而是为了管理和组织。阿克塞尔·霍耐特（Axel Honneth）主要从阶级斗争的角度观察了权力，也仍然对权力的肯定性或生产力视而不见。这也是为什么，他在其关于哈贝马斯的论述中反常地没有提到后者的“交往权力”（kommunikative Macht）理论。交往权力是肯定的，因为它支持集体行动，即群体的行动筹划。参阅《权力批判：批判性社会理论的反思阶段》（*Kritik der Macht. Reflexionsstufen einer kritischen Gesellschaftstheorie*），法兰克福，1985 年。

[43] 福柯：《权力机制：论性、知识与真理》（*Dispositive der Macht. Über Sexualität, Wissen und Wahrheit*），柏林，1978 年，第 71 页。在某种意义上，福柯本人也是这种偏见的受害者。对于黑格尔来说，权力绝非压制。他最先提出“自由权力”这一概念。黑格尔权力理论的特点正在于权力和自由的密切联系。

[44] 福柯:《监视与惩罚:监狱的诞生》(*Überwachen und Strafen. Die Geburt des Gefängnisses*),法兰克福,1976年,第250页。

[45] 福柯:《认知的意志》,第185页。

[46] 福柯:《权力机制》,第35页。

[47] 在女权主义讨论中,权力也经常被定义为暴力和压制。权力与一种抽象地超越权力之物相对立。参阅玛丽莲·弗伦奇(Marilyn French)《超越权力:女人、男人和道德》(*Jenseits der Macht. Frauen, Männer und Moral*):“权力和控制在其含义上几乎是同义词。……然而,这两个术语就像一枚硬币的两面。‘权力’暗示着某种暴烈、朝向外部的力量,一个铁拳。‘控制’则让人想到绷紧,想到一套复杂的工具;如果把它想象成一种运动,它就会产生内向的压力,也就是镇压、驱逐、压制、抑制。”(赖恩贝克,1985年,第807页)

[48] 福柯:《权力机制》,第105页。

[49] 福柯:《监视与惩罚》,第42页。

[50] 灵魂不仅仅是一个“政治解剖学的成果和工具”。福柯也会拒绝“灵魂化”(Beseelung),伊曼努尔·列维纳斯(Emmanuel Lévinas)用它来指向一种完全不同的服从,即“对他者的袒露,对他者的被动”,这将是权力或统治活动的对立面。参阅《另外于是,或,在超过是其所是之处》(*Jenseits des Seins oder anders als Sein geschieht*),弗莱堡,1992年,第162页。

[51] 福柯:《认知的意志》,第46页。

[52] 同上书,第62页。

[53] 同上书,第60页。

[54] 福柯:《监视与惩罚》,第106页。

[55] 福柯:《权力的微观物理学：论刑事司法、精神病学和医学》（*Mikrophysik der Macht.* Über *Strafjustiz, Psychiatrie und Medizin*），柏林，1976年，第114页。
[56] 福柯:《认知的意志》，第113页。
[57] 福柯:《监视与惩罚》，第170页。
[58] 福柯:《认知的意志》，第175页及以下。
[59] 福柯:《监视与惩罚》，第47页。
[60] 同上书，第129页。
[61] 同上书，第131页。因此，所有的教育家和诗人都拿起了这支笔，成为道德家或“永恒的理性”的传教士：“每个公民都会在他的家庭中传播可怕的形象和健康的思想，他完全被这些形象和思想所充满。他将以热忱的心向聚集在他周围并热切聆听的孩子们讲故事，以便在他们幼小的心灵上刻下不可磨灭的印记，关于犯罪和惩罚，对法律和祖国的热爱，以及对当局的尊重和信任。”（同上书，第145页）
[62] 福柯:《监视与惩罚》，第166页。
[63] 同上书，第145页。
[64] 同上书，第143页。
[65] 同上书，第396页。
[66] 同上书，第167页。
[67] 同上书，第169页。
[68] 同上书，第175页。
[69] 福柯:《权力的微观物理学》，第123页。
[70] 福柯:《监视与惩罚》，第173页。
[71] 同上书，第39页。

[72] 同上书，第 175 页。

[73] 福柯指出了身体的历史意义。参阅《监视与惩罚》："……身体也直接卷入了政治领域；权力关系直接控制它，干预它，给它打上烙印，训练它，折磨它，强迫它劳作，给它规定各种仪式，向它索要信号。"（第 37 页）因此，身体被权力和统治关系重新描述，它带有一种政治的意义。

[74] 福柯：《权力的微观物理学》，第 122 页。

[75] 同上书，第 123 页。这里存在的问题是，"狡诈"一词暗示了一个怀有否定意图的行为者或可被追踪的主体。

[76] 参阅皮埃尔·布尔迪厄（Pierre Bourdieu）《句子与矛盾：论知识分子的责任》（*Satz und Gegensatz.* Über *die Verantwortung des Intellektuellen*）："政治上的服从反映在姿态上，反映在褶皱上，反映在身体的习性上，就像反映在大脑的自动装置上。"（柏林，1989 年，第 43 页）

[77] 布尔迪厄：《区分：判断力的社会批判》（*Die feinen Unterschiede. Kritik der gesellschaftlichen Urteilskraft*），法兰克福，1982 年，第 290 页。

[78] 布尔迪厄：《男性统治》（"Die männliche Herrschaft"），见艾琳·多林（Irene Dölling）、贝亚特·克莱斯（Beate Krais）编《日常的游戏：社会实践中的性别建构》（*Ein alltägliches Spiel. Geschlechterkonstruktion in der sozialen Praxis*），法兰克福，1997 年，第 153~217 页。此处第 162 页。

[79] 布尔迪厄《句子与矛盾》："正如在拉丁文中，一个贵族（*nobilis*）是一个'众所周知的''得到公认的'人。一旦人们从物理性的权力关系中撤出，并试图引入认知的符号关系，由

于逻辑上的强制替代方案，人们就有可能重新回到意识哲学的传统中，成为这种观念的牺牲品，并将这种认同设想为自由的服从行动和默许。现在，感觉和认知都无法暗示这种意识。……社会行动者，包括被统治者，被一种被接受的共谋关系束缚在社会之中（无论它多么令人憎恶和愤慨），这种共谋关系导致该世界的某些方面总是超越了批判质疑，另一些方面则总是位于批判质疑之下。”（第 43 页）

[80] 布尔迪厄：《实践感：理论理性批判》(*Sozialer Sinn. Kritik der theoretischen Vernunft*)，法兰克福，1987 年，第 127 页。

[81] 尽管布尔迪厄深入研究了海德格尔，但他还未考虑到从权力逻辑的角度来解读他的日常性现象学。

[82] 马丁·海德格尔：《存在与时间》(*Sein und Zeit*)，图宾根，1993 年，第 167 页及以下。

[83] 同上书，第 127 页。

[84] 同上。

[85] 同上。

[86] 同上书，第 129 页。

[87] 同上书，第 169 页。

[88] 同上书，第 127 页。

[89] 同上书，第 126 页。

[90] 同上。

[91] 同上书，第 138 页。尽管布尔迪厄没有把“常人”和权力联系在一起，但他确实提到了情绪的习性特征。根据布尔迪厄的说法，情绪“停留在语言的这边，不能被还原为语言或任何其他表达形式的任何对象”（《马丁·海德格尔的政治实体

论》，法兰克福，1976年，第43页）。

[92] 海德格尔：《存在与时间》，第128页。

[93] 福柯：《权力的微观物理学》，第109页。

[94] 海德格尔：《存在与时间》，第126页。

[95] 同上书，第147页。

[96] 福柯：《自由与自我关怀：1984年访谈与1982年演讲》（*Freiheit und Selbstsorge, interview 1984 and lecture 1982*），海尔姆特·贝克尔（Helmut Becker）等编，法兰克福，1985年，第25页及以下。值得注意的是，福柯于20世纪80年代开始从权力角度谈论自由，而在《监视与惩罚》和《性经验史》中都没有提及自由。

[97] 海德格尔：《尼采：权力意志作为艺术》（"Nietzsche: Der Wille zur Macht als Kunst"），见《海德格尔全集》，第43卷，博恩德·海姆布歇尔（Bernd Heimbüchel）编，法兰克福，1985年，第70页。

[98] 在霍布斯看来，争取更多的权力只是为了保障已经取得的美好生活："因此，我放在首位的所有人类的普遍倾向是，对权力和更多权力的持续不断的渴望，这种渴望只有在死亡时才会停止。造成这种情况的原因，并不总是因为一个人希望得到比他已经获得的更强烈的快乐，或者他不能满足于适度的权力，而是因为如果他不去追求更多，就不能保证他目前所拥有的权力和手段，以获得良好的生活。"（《利维坦》，汉堡，1996年，第81页）

[99] 蒂利希：《权力问题》，第195页。

[100] 尼采：《遗稿，1875—1879年》，见KSA，第8卷，第425页。

[101] 尼采:《遗稿,1882—1884年》，见KSA，第10卷，第278页。
[102] 尼采:《善恶的彼岸》，见KSA，第5卷，第207页。
[103] 黑格尔:《哲学科学百科全书I》(*Enzyklopädie der philosophischen Wissenschaften* I)，见《黑格尔著作集》，第8卷，第375页及以下。
[104] 黑格尔:《哲学科学百科全书III》(*Enzyklopädie der philosophischen Wissenschaften* III)，见《黑格尔著作集》，第10卷，第21页。
[105] 黑格尔:《世界史哲学讲演录》(*Vorlesungen* über *die Philosophie der Geschichte*)，见《黑格尔著作集》，第12卷，第391页。
[106] 黑格尔:《哲学科学百科全书II》(*Enzyklopädie der philosophischen Wissenschaften* II)，见《黑格尔著作集》，第9卷，第485页。
[107] 黑格尔:《哲学科学百科全书III》，见《黑格尔著作集》，第10卷，第256页。
[108] 同上。
[109] 同上书，第22页。
[110] 同上书，第244页。
[111] 黑格尔:《世界史哲学讲演录》，见《黑格尔著作集》，第12卷，第521页。
[112] 蒂利希:《权力的哲学》(*Philosophie der Macht*)，见《蒂利希全集》第9卷《文化的宗教本质：论文化宗教》，斯图加特，1967年，第205~232页。此处第223页。
[113] 卢曼:《社会学的启蒙1：社会系统理论》(*Soziologische*

Aufklärung 1. Aufsätze zur Theorie sozialer Systeme)，奥普拉登，1984 年，第 38 页及以下。

[114] 蒂利希：《权力的哲学》，第 209 页。

[115] 同上。

[116] 黑格尔：《精神现象学》(*Phänomenologie des Geistes*)，见《黑格尔著作集》，第 3 卷，第 36 页。

[117] 黑格尔：《世界史哲学讲演录》，见《黑格尔著作集》，第 12 卷，第 521 页。

[118] 黑格尔：《美学讲演录 I》(*Vorlesungen* über *die* Ästhetik I)，见《黑格尔著作集》，第 13 卷，第 149 页。

[119] 黑格尔：《逻辑学 II》(*Die Wissenschaft der Logik* II)，见《黑格尔著作集》，第 6 卷，第 277 页。

[120] 参阅福柯：《监视与惩罚》，第 42 页。

[121] 黑格尔：《宗教哲学讲演录 II》(*Vorlesungen* über *die Philosophie der Religion* II)，见《黑格尔著作集》，第 17 卷，第 55 页。

[122] 黑格尔：《柏林手稿，1822—1831 年》(*Berliner Schriften 1822—1831*)，见《黑格尔著作集》，第 11 卷，第 373 页。

[123] 黑格尔：《宗教哲学讲演录 I》，见《黑格尔著作集》，第 16 卷，第 341 页。

[124] 同上书，第 292 页。

[125] 乔治·巴塔耶（Georges Bataille）：《宗教理论》(*Theorie der Religion*)，格尔德·贝尔格福莱特（Gerd Bergfleth）编，慕尼黑，1997 年，第 44 页。

[126] 同上书，第 40 页。

[127] 同上书，第 145 页。

[128] 同上书，第 46 页及以下。

[129] 同上书，第 24 页。

[130] 这一观点显然基于人类理想在“动物”身上的投射，而“动物”和“人类”一样都是想象的产物。

[131] 巴塔耶：《宗教理论》，第 20 页。

[132] 同上书，第 19 页。

[133] 彼得 · 汉德克（Peter Handke）：《论倦怠》（*Versuch* über *die Müdigkeit*），法兰克福，1992 年，第 75 页。

[134] 深度倦怠不会吞噬任何事物。明亮的“倦怠之光”（同上书，第 52 页）使形式得以存在。它“分门别类”。这是一种“目光清澈的倦怠”（同上书，第 56 页）。在这个意义上，它也是友善的。

[135] 同上书，第 35 页。

[136] 同上书，第 74 页。

[137] 黑格尔：《宗教哲学讲演录 II》，见《黑格尔著作集》，第 17 卷，第 316 页。

[138] 汉德克：《论倦怠》，第 74 页。

[139] 同上书，第 68 页。

[140] 同上书，第 78 页。

[141] 卡尔 · 施米特（Carl Schmitt）：《政治的神学》（*Politische Theologie*），柏林，1985 年，第 11 页。

[142] 同上书，第 19 页。

[143] 同上书，第 22 页。

[144] 黑格尔：《法哲学原理》（*Grundlinien der Philosophie des Rechts*），见《黑格尔著作集》，第 7 卷，第 451 页。

[145] 同上书，第 444 页。

[146] 同上书，第 449 页。

[147] 同上书，第 446 页。

[148] 施米特：《关于权力的对话》（*Gespräche über die Macht*），第 17 页及以下。

[149] 同上书，第 20 页。

[150] 按照施米特的说法，利维坦是“一个由人类组成的超人类，它通过人类的共识产生，但在它出现的那一刻就超越了所有的人类共识”（《关于权力的对话》，第 29 页）。它是“机器中的机器”，因为它是“所有后续技术机器的具体先决条件”。因此，“利维坦”和现代技术是同源的。它们都是“超级大国”的表现，它比人类的“权力意志”更强大。（同上书，第 29 页）施米特谈到“现代破坏手段的力量”“超过了”“发明和使用这些手段的人类个体的力量”，“就像现代机器和程序的可能性超过人类肌肉和大脑的力量一样”（同上书，第 27 页）。有问题的是，施米特将现代技术假想为一种力量，而人类对这种力量束手无策。因此，面对这种人类的无能为力，他召唤人类。然而，将技术抬高为超级大国的做法掩盖了实际的真相。技术是人类将自己延伸到外部世界的权力手段。它把人类的感知、人类的身体甚至人类的习惯都延伸到了世界。通过这种方式，它把世界变得与人相似。利维坦和技术设备都与人非常相似。通过这种方式，人可以在世界中与自己同在。这就减少了自我异化的危险。人在任何地方都会回到自己身边。他到处看到自己。技术恰恰创造了“在他者中与自己同在”，一个人类延续自我的空间。当海德格尔

像施米特一样把技术提升为一种超人的力量时，他没有认识到，技术戴着这样一张人的面孔，它是人类争取权力的表现和结果。

[151] 施米特：《关于权力的对话》，第 28 页。

[152] 同上书，第 29 页。

[153] 同上书，第 27 页及以下。

[154] 同上书，第 32 页。

[155] 同上书，第 19 页。

[156] 同上书，第 21 页。

[157] 福柯还将公众舆论的形成与书写联系起来。参阅《监视与惩罚》："这些法律必须公布，每个人都必须有机会接触到它们。口头传统和习惯法必须被书面立法取代，书面立法是'社会契约的稳定纪念碑'，是每个人都能获得的印刷文本。'印刷厂……使得公众而不是少数人，成为神圣法律的监督者和保护者。'"（第 122 页）

[158] 阿甘本在他的西方历史学中也以极大的热情关注例外情况，并将其视为规则。因此，集中营成为"现代的法规"（《神圣人》，第 175 页）。正如权力的空间不能通过前厅得到解释一样，现代性的政治空间也不能从营地中获得。如果考察一下人类历史上的正常案例，人们可能依然会怀有这样的希望：即将到来的人类将不会被称为"神圣人"（*Homo sacer*），而是自由人（*Homo liber*）。

[159] 黑格尔：《哲学科学百科全书 III》，见《黑格尔著作集》，第 10 卷，第 221 页。

[160] 汉娜·阿伦特（Hannah Arendt）：《权力和暴力》（*Macht und*

Gewalt），慕尼黑，1970 年，第 54 页。

[161] 年轻时的尼采误解了权力的本质，他写道："暴力首先产生了权力，没有一种权力的基础不是僭越、篡夺和暴力。"（《遗稿，1870—1873 年》，见 KSA，第 1 卷，第 770 页）

[162] 阿伦特：《权力和暴力》，第 53 页。

[163] 阿伦特：《人的境况》（*Vita activa oder Vom tätigen Leben*，德文书名直译应为"积极或行动的生活"），慕尼黑，1981 年，第 199 页。

[164] 同上书，第 192 页。

[165] 同上书，第 194 页。

[166] 同上书，第 199 页。

[167] 同上书，第 201 页。

[168] 同上书，第 192 页。按照阿伦特的说法，黑格尔式的奴仆如果因为害怕死亡，也就是单纯出于对生命的关注而回避权力斗争，就无法达到"现实感受"。他更喜欢"生命感受"。相反，对主人来说，权力比单纯的生命更重要，将自己暴露在死亡的威胁中，敢于冒生命的危险。为争夺权力和认同的斗争打开了那个"显象空间"，在这个空间里，人们不仅像事物一样存在，而且明确地出现在彼此面前。对阿伦特来说，这就是政治的开端。创造政治现实的不是对死亡的恐惧，而是赴死的自由。

[169] 于尔根·哈贝马斯（Jürgen Habermas）：《哲学—政治概况》（*Philosophisch-politische Profile*），法兰克福，1981 年，第 229 页及以下。

[170] 同上书，第 238 页。

[171] 阿伦特：《权力与暴力》，第 43 页。
[172] 阿伦特：《人的境况》，第 194 页。
[173] 阿伦特：《权力与暴力》，第 51 页。
[174] 早在阿伦特之前，蒂利希就认为，权力是基于集体行动的筹划。参阅《社会主义的抉择》（"Die sozialistische Entscheidung"），见《蒂利希全集》第 2 卷《基督教和社会建构：关于宗教社会主义的早期著作》（*Christentum und soziale Gestaltung. Frühe Schriften zum Religiösen Sozialismus*），斯图加特，1962 年，第 219~365 页。此处第 342 页及以下："什么是权力的支撑基础？——社会权力的可能性的基础是，必须在社会中建立统一的意志。然而，一个统一的意志，只能通过一个支撑性的团体或由它挑出的个人代表来实现，除此别无他法，他们同时代表并且执行统一性。因此，权力就是社会统一的实现。"霍布斯也认识到集体权力的力量。参阅《利维坦》："人类最大的权力是由最多数人的权力组成的，通过协议结合在一个自然人或代表政府的个人身上，他们所有的权力都取决于他们的意志，就像一个共同体的权力一样；或者那种取决于每个人意志的权力，就像一个政党或同盟的权力一样。"（第 69 页）
[175] 哈贝马斯：《哲学—政治概况》，第 231 页。
[176] 阿伦特：《权力与暴力》，第 52 页。这里也可以看出阿伦特的阐述缺乏论证的严格性。阿伦特经常以联想或任意的方式改变论证的层次，这种转变造成了概念上的模糊不清。
[177] 哈贝马斯：《哲学—政治概况》，第 241 页。
[178] 霍耐特也仅从统治和社会斗争的角度看待权力，因而忽略了

权力的根本层面。参阅《权力批判》。

[179] 阿伦特:《人的境况》，第 195 页。

[180] 哈贝马斯:《哲学—政治概况》，第 246 页。

[181] 同上书，第 245 页及以下。

[182] 同上书，第 242 页及以下。共识的抽象概念使任何偏离它的行动都显得是暴力。早在 20 世纪 70 年代，哈贝马斯就在《晚期资本主义的合法性问题》(*Legitimationsprobleme im Spätkapitalismus*)中写道:“只要规范表达了可普遍化的利益，它们就以理性的共识为基础。……只要规范不规定可普遍化的利益，它们就基于暴力；因此我们论述的是规范的权力。”(法兰克福，1973 年，第 153 页)

[183] 哈贝马斯:《哲学—政治概况》，第 246 页及以下。

[184] 在哈贝马斯看来，政治领导开发决策空间，从而产生权力，这些尝试都是可疑的。附和阿伦特的观点，哈贝马斯写道:“从系统论的角度来看，通过政治领导层对民众的意愿施加更多影响，似乎可以解决权力的生产问题。只要使用了心理上的强迫、劝说和操纵手段，就是……暴力的增加，而不是政治体系中权力的增加。因为权力只能……在不受约束的交往结构中产生；它不能‘自上方’产生。”(同上书，第 245 页)

[185] 施米特:《大地的法：欧洲公法的国际法中的大地法》(*Der Nomos der Erde im Völkerrecht des Jus Publicum Europaeum*)，柏林，1950 年，第 19 页。

[186] 蒂利希也注意到权力对空间的依赖性。“存在的权力是拥有空间的权力。这就是所有社会群体争夺空间的原因。这也是地理空间的巨大重要性和所有权力集团对地理空间占有的争

议的原因。”（《权力的哲学》，第 229 页）

[187] 海德格尔：《在通向语言的途中》（*Unterwegs zur Sprache*），普富林根，1959 年，第 37 页。

[188] 海德格尔：《路标》（*Wegmarken*），法兰克福，1967 年，第 191 页。

[189] 海德格尔为自己设定的目标确实是“从形而上探究权力的本质”，参阅《存在的历史》（*Die Geschichte des Seyns*），见《海德格尔全集》，第 69 卷，彼得·特拉夫尼（Peter Trawny）编，法兰克福，1998 年，第 66 页。但他只在“阴谋诡计”的否定形式中感知到权力，而没有赋予其任何肯定性。因此，它被“缺少权力者”所反对。（同上书，第 70 页）那个“法”（nomos）不会是一种“人类理性的力量”，而是给予“持久的经验”“一切行动的基础”（《路标》，第 191 页），因此不需要权力。因此，海德格尔尚且没有意识到集会、逻各斯和权力之间的联系。

[190] 雅克·德里达（Jacques Derrida）：《流氓：两篇关于理性的论文》（*Schurken. Zwei Essays* über *die Vernunft*），法兰克福，2003 年，第 36 页。

[191] 贝克：《全球化时代中的权力和反权力》，第 104 页。

[192] 参阅上书：“特别是在经济领域发展了这种元权力，通过冲破领土、民族国家权力游戏的牢笼，数字空间中的新权力策略征服了以领土为根基的国家。”（第 96 页）

[193] 全球化的世界市场本身并不是一个权力结构，甚至不是一个分散的权力结构。它分布在众多的经济或政治权力结构中，使得形成一个总体性的权力结构成为不可能。一个完全分散

的权力根本就不是权力。彻底的分散，毕竟将消除任何以自身为中心的意向性，而这种意向性是建立权力的必要条件。然而，贝克将全球化世界经济假设为一种“分散的权力，分散的原因是，这是一个没有中心、没有责任说明、没有明确义务结构的匿名的权力”（贝克：《全球化时代中的权力和反权力》，第 103 页）。恰恰相反，一个跨国公司代表着一个权力结构。其分散的组织并不意味着结构性的分散，反而是一种策略扩散，一个分散的组织甚至可以比一个集中的组织产生更多的权力。

[194] 尤其在极权主义领土上会产生这些非一地，不被允许呈现自身、不被承认为领地的一部分。因此，“集中营”是非一地。但是，如果阿甘本将“集中营”提升为“我们今天仍然生活在其中的政治的隐形基础”（《神圣人》，第 185 页），由此宣称非一地是各个地方的基础，这是成问题的。诚然，地方可以产生一个非一地，但地方并非以此为基础。一个具有高度中介性的地方并没有取消定位。因此，自由人也许是即将到来的人类，并不必然以神圣人为前提，后者是一个无法无天的非一地上的居民。然而，非一地的可能性提出了地方的伦理化问题，即权力的问题。

[195] 德里达：《流氓》，第 206 页。

[196] 同上书，第 198 页。

[197] 资本（Kapital），像海角（Kap）、船长（Kapitän）以及首都（Kapitol）一样，都可以追溯至拉丁语单词 caput，意指“顶部”或“头部”。

[198] 福柯：《自由与自我关怀》，第 20 页。然而应该注意的是，

福柯对权力的分析由斗争模式主导："很明显，我在过去几年中所做的一切，都是从斗争—压制模式展开的，而我迄今为止试图运用的正是这个模式。我需要重新考虑，一方面是因为它在一系列问题上的阐述还不够充分，另一方面是因为我认为，压制与斗争这两个概念尤其需要大幅度修改，甚至可能被放弃使用。无论如何，我认为必须对它们进行更细致的反思。……因此，需要对压制的概念进行更多反思，因为我感到：如今压制被如此普遍地用来描述权力机制和权力的影响，而对于其概念的分析是完全不够的。"（《权力机制》，第 74 页）尽管福柯对斗争—压制模式持怀疑态度，但他在 20 世纪 70 年代并没有试图将自由提升为权力的一个基本特征。他在《监视与惩罚》中谈到权力的生产力，却在"所有人对所有人的激烈战争"中再次消失。《监视与惩罚》的结语中并没有通向对自由的预感，而是通往永恒的"战斗厮杀声"。

[199] 福柯:《主体和权力》，见《超越结构主义和诠释学》（*Jenseits von Strukturalismus und Hermeneutik*），休伯特·德雷福斯（Hubert L. Dreyfus）、保罗·拉比诺（Paul Rabinow）编，魏玛，1994 年，第 241~261 页。此处第 255 页及以下。

[200] 福柯《主体和权力》："暴力关系作用于身体，作用于事物：它强迫、扭曲、折断、破坏：它排除一切可能性；它的对立面只有被动性，而别无他者。然而当它遇到阻力时，它别无选择，只能将其强行压制。与之相反，权力关系建立在两个要素上，没有这两个要素，任何权力关系都不可能产生：因此（在权力作用下的）'他者'直到最后仍然作为行动主体而被承认和保存下来，并且在权力关系面前展开了可能的回

应、反作用、影响、创造的领域。”(第 254 页)

[201] 同上书，第 259 页。

[202] 福柯:《自由与自我关怀》，第 26 页。

[203] 同上书，第 25 页。

[204] 同上书，第 11 页。

[205] 同上。

[206] 同上书，第 12 页。

[207] 同上书，第 48 页。

[208] 福柯:《快感的享用：性与真理》(*Der Gebrauch der Lüste. Sexualität und Wahrheit*)，法兰克福，1989 年，第 105 页。

[209] 福柯:《自由与自我关怀》，第 16 页。

[210] 福柯:《快感的享用》，第 107 页。

[211] 福柯:《自由与自我关怀》，第 15 页。

[212] 福柯将权力定义为对规定他者行动的尝试，这意味着在他者中与自身同在，或在他者中回归自身，福柯确实认识到了权力的自我中心特征。

[213] 福柯:《自由与自我关怀》，第 54 页。

[214] 尼采:《善恶的彼岸》，见 KSA，第 5 卷，第 207 页及以下。

[215] 尼采:《遗稿,1880—1882 年》，见 KSA，第 9 卷，第 550 页。

[216] 尼采:《遗稿,1887—1889 年》，见 KSA，第 13 卷，第 360 页。

[217] 尼采:《遗稿,1884—1885 年》，见 KSA，第 11 卷，第 700 页。

[218] 同上。

[219] 尼采:《遗稿,1885—1887 年》，见 KSA，第 12 卷，第 290 页。

[220] 尼采:《遗稿,1884—1885 年》，见 KSA，第 11 卷，第 188 页。

[221] 尼采:《论道德的谱系》，见 KSA，第 5 卷，第 310 页。

[222] 尼采:《人性的，太人性的》(*Menschliches, Allzumenschliches*)，见KSA，第2卷，第361页。

[223] 尼采:《遗稿,1880—1882年》，见KSA，第9卷，第211页。

[224] 尼采:《人性的，太人性的》，见KSA，第2卷，第361页。

[225] 尼采:《朝霞》(*Morgenröte*)，见KSA，第3卷，第303页。

[226] 尼采:《遗稿,1882—1884年》，见KSA，第10卷，第88页。

[227] 尼采:《朝霞》，见KSA，第3卷，第282页。

[228] 这种贵族式的友善，并非无差别地欢迎一切。参阅尼采《遗稿，1887—1889年》:“对人和善，使自己的心成为一个开放的房屋：这是宽容的，但并不高贵。人们从紧闭的窗帘和百叶窗中可以辨认出那些心灵，他们具有高贵的好客之道：他们至少把最好的房间空出来，他们期待着那些挑剔的客人……”(见KSA，第13卷，第9页)

[229] 尼采:《遗稿,1885—1887年》，见KSA，第12卷，第67页。

[230] 参阅亚里士多德:《尼各马可伦理学》(*Nikomachische Ethik*)，汉堡，1985年，第217页。

[231] 无限的友善也要与那种基于交换原则的交往式友善相对立。友善作为一种交际“技巧”，是一种“能力”，能够“推迟表达自己的意见和期望，直到合适的时机到来”。等待的时间“被有效地填充，通过接收他人的表述”。交往式友善受一种原则的引导，“原则是在正确时机表达个人的期望，同时照顾他人的自我表达”。在系统论中，它服务于“形式系统的弹性的外部适应”(卢曼:《形式组织的功能和效果》[*Funktionen und Folgen formaler Organisation*]，柏林，1995年，第361页及以下)。当一个“系统”帮助他者塑造良好

形象，即完成一个成功的自我描述，它就是“友善的”。“友善者”应当如此对待他者，“如同他希望的那样”。友善作为一种策略是“一种行动，通过这种行动，A 将自己呈现为 B 需要的合作伙伴，也使 B 能够成为他希望在 A 面前展示的形象”（卢曼:《法社会学》[*Rechtssoziologie*]，普拉登，1987 年，第 34 页）。因此，交往式友善作为一种技术，并不具备不对称的结构。友善者窥探合适的时机，在这一时刻发表自己的期望或意见，即在信息的交换领域中表达自我。被动或主动的倾听，以便帮助对方成功展示自身，是为了表达自我而必须接受的弯路。因此，交往式友善是一种交换行为，出于对自我的关怀。

[232] 尼采:《善恶的彼岸》，见 KSA，第 5 卷，第 209 页。

[233] 同上书，第 210 页。

[234] 尼采:《遗稿,1882—1884 年》，见 KSA，第 10 卷，第 508 页。

[235] 尼采:《查拉图斯特拉如是说》(*Also sprach Zarathustra*)，见 KSA，第 4 卷，第 254 页。

[236] 尼采:《朝霞》，见 KSA，第 3 卷，第 228 页。霍布斯也从经济角度解释了慷慨的问题，参阅《利维坦》:“财富，如果与慷慨相关联，就是权力，因为财富可以产生一个朋友或仆人。缺少了慷慨则情况不同，因为在这种情形下，财富不能保护人，反而使他们成为嫉妒的目标。”（第 69 页）

[237] 尼采:《致罗德的信，1869 年 10 月 7 日》(“Brief an F. Rhode vom 7. Oktober 1869”)，见《尼采书信集》第 1 卷《1869 年 4 月至 1872 年 5 月书信集》，蕾娜特·穆勒-布克（Renate MüllerBuck）等编，柏林，1977 年，第 61 页及以下。

[238] 没有名字，就无法建构权力。“上帝”就是那个名本身。“无人”（Niemand）没有权力。权力是属于某个人的现象。参阅尼采《朝霞》：“总是做出给予和馈赠的样子，同时展示自己的面孔，这太不大方了！给予且馈赠吧，但请隐瞒自己的名字和好意！或者像大自然一样没有名字，恰恰是这比任何东西都更能令我们振奋，在这里我们终于不再遇到施舍者和被施舍者，不再遇到一张‘仁慈的面孔’！——诚然，你们也放弃了这种振奋，因为你们在自然中安置了一个上帝——现在一切都再次变得不自由和压抑！”（见 KSA，第 3 卷，第 279 页）

[239] 无意图的友善的伦理学熟谙那种天然、平静或虚无。在这种情况下，果实落下，“无欲求、无意识”，并使人快乐。这与列维纳斯的伦理学相反，他强调的“为他人”打破了一切平静。

[240] 尼采：《狄奥尼索斯颂歌》（*Dionysos-Dithyramben*），见 KSA，第 6 卷，第 409 页。

参考文献

Agamben, Giorgio: *Homo sacer. Die souveräne Macht und das nackte Leben*. Frankfurt a.M. 2002.

Arendt, Hannah: *Macht und Gewalt*. München 1970.

——: *Vita activa oder Vom tätigen Leben*. München 1981.

Bachrach, Peter / Baratz, Morton S.: Two Faces of Power. In: *The American Political Science Review* 56 (1962) S. 947–952.

Bataille, Georges: *Theorie der Religion*. Hrsg. und mit einem Nachwort von Gerd Bergfleth. München 1997.

Beck, Ulrich: *Macht und Gegenmacht im globalen Zeitalter. Neue weltpolitische Ökonomie*. Frankfurt a.M. 2002.

Berle, Adolf A.: *Macht. Die treibende Kraft der Geschichte*. Hamburg 1973.

Bourdieu, Pierre: *Die politische Ontologie Martin Heideggers*. Frankfurt a.M. 1976.

——: *Die feinen Unterschiede. Kritik der gesellschaftlichen Urteilsk-*

raft. Frankfurt a.M. 1982.

——: Sozialer Sinn. *Kritik der theoretischen Vernunft*. Frankfurt a. M. 1987.

——: *Satz und Gegensatz. Über die Verantwortung des Intellektuellen*. Berlin 1989.

——: Die männliche Herrschaft. In: *Ein alltägliches Spiel. Geschlechterkonstruktion in der sozialen Praxis*. Hrsg. von Irene Dölling und Beate Krais. Frankfurt a.M. 1997. S. 153–217.

Burckhardt, Jacob: *Weltgeschichtliche Betrachtungen*. Stuttgart 1987.

Butler, Judith: *Psyche der Macht. Das Subjekt der Unterwerfung*. Frankfurt a.M. 2001.

Canetti, Elias: *Masse und Macht*. Hamburg 1960.

Derrida, Jacques: *Schurken. Zwei Essays über die Vernunft*. Frankfurt a.M. 2003.

Dean, Mitchell: *Governmentality. Power and Rule in Modern Society*. London 2001.

Foucault, Michel: *Überwachen und Strafen. Die Geburt des Gefängnisses*. Frankfurt a.M. 1976.

——: *Mikrophysik der Macht. Über Strafjustiz. Psychiatrie und Medizin*. Berlin 1976.

——: *Der Wille zum Wissen. Sexualität und Wahrheit* 1. Frankfurt a.M. 1977.

——: *Dispositive der Macht. Über Sexualität, Wissen und Wahrheit*. Berlin 1978.

——: *Freiheit und Selbstsorge. Interview 1984 und Vorlesung 1982*.

Hrsg. von Helmut Becker [u. a.] Frankfurt a. M. 11985.

——: *Der Gebrauch der Lüste. Sexualität und Wahrheit* 2. Frankfurt a.M. 1989.

——: Das Subjekt und die Macht. In: *Michel Foucault. Jenseits von Strukturalismus und Hermeneutik*. Hrsg. von Hubert L. Dreyfus und Paul Rabinow. Weinheim 1994. S. 241–261.

French, Marilyn: *Jenseits der Macht. Frauen, Männer und Moral*. Übers. von Cornelia Holfelder-von der Tann. Reinbek 1985.

Göhler, Gerhard [u. a.]: *Institution-Macht-Repräsentation. Wofür politische Institutionen stehen und wie sie wirken*. Baden-Baden 1997.

—— (Hrsg.): *Macht der Öffentlichkeit-Öffentlichkeit der Macht*. Baden-Baden 1995.

Greven, Michael Th. (Hrsg.): *Macht in der Demokratie. Denkanstöße zur Wiederbelebung einer klassischen Frage in der zeitgenössischen Politischen Theorie*. Baden-Baden 1991.

Habermas, Jürgen: *Legitimationsprobleme im Spätkapitalismus*. Frankfurt a.M. 1973.

——: *Philosophisch-politische Profile*. Erw. Ausg. Frankfurt a.M. 1981.

Han, Byung-Chul: *Todesarten*. München 1998.

——: *Tod und Alterität*. München 2002.

——: *Philosophie des Zen-Buddhismus*. Stuttgart 2002.

Handke, Peter: *Versuch über die Müdigkeit*. Frankfurt a.M. 1992.

Hegel, Georg Wilhelm Friedrich: *Werke in zwanzig Bänden*. Hrsg. von Eva Moldenhauer und Karl Markus Michel. Frankfurt a.M. 1970.

Heidegger, Martin: *Unterwegs zur Sprache*. Pfullingen 1959.

——: *Wegmarken*. Frankfurt a. M. 1967.

——: *Sein und Zeit*. Tübingen 171993.

——: *Gesamtausgabe*. Frankfurt a.M. 1975 ff.

Hindess, Barry: *Discourses of Power. From Hobbes to Foucault*. Oxford 1996.

Hobbes, Thomas: *Leviathan*. Übers. von Jutta Schlösser. Hamburg 1996.

Hondrich, Karl Otto: *Theorie der Herrschaft*. Frankfurt a. M. 1973.

Honneth, Axel: *Kritik der Macht. Reflexionsstufen einer kritischen Gesellschaftstheorie*. Frankfurt a.M. 1985.

Imbusch, Peter (Hrsg.): *Macht und Herrschaft. Sozialwissenschaftliche Konzeptionen und Theorien*. Opladen 1998.

Kantorowicz, Ernst H.: *Die zwei Körper des Königs. Eine Studie zur politischen Theologie des Mittelalters*. München 1990.

Kelly, Michael (Hrsg.): *Critique and Power. Recasting the Foucault / Habermas Debate*. Cambridge (Mass.) / London 1994.

Kneer, Georg: *Rationalisierung, Disziplinierung und Differenzierung. Sozialtheorie und Zeitdiagnose bei Habermas, Foucault und Luhmann*. Opladen 1996.

Lemke, Thomas: *Eine Kritik der politischen Vernunft. Foucaults Analyse der modernen Gouvernementalität*. Berlin/Hamburg 1997.

L´evinas, Emmanuel: *Jenseits des Seins oder anders als Sein geschieht*. Freiburg/München 1992.

Likert, Rensis: *Neue Ansätze der Unternehmensführung*. Bern/Stuttgart

1972.

Luhmann, Niklas: Klassische Theorie der Macht. Kritik ihrer Prämissen. In: *Zeitschrift für Politik* 2 (1969) S. 149–170.

——: *Macht*. Stuttgart 1975.

——: *Funktionen und Folgen formaler Organisation*. Berlin 1995.

Luhmann, Niklas: Macht und System. Ansätze zur Analyse von Macht in der Politikwissenschaft. In: *Universitas. Zeitschrift für Wissenschaft, Kunst und Literatur* 5 (1977) S. 473–482.

——: *Soziologische Aufklärung 1. Aufsätze zur Theorie sozialer Systeme*. Opladen 1984.

——: *Soziologische Aufklärung 4. Beiträge zur funktionalen Differenzierung der Gesellschaft*. Opladen 1987.

——: *Rechtssoziologie*. Opladen 1987.

Machiavelli, Niccol`o: *Der Fürst*. Übers. und hrsg. von Rudolf Zorn. Stuttgart 1978.

Mann, Michael: *Geschichte der Macht. Bd. 1: Von den Anfängen bis zur Griechischen Antike*. Frankfurt a. M. / New York 1990. *Bd. 2: Vom Römischen Reich bis zum Vorabend der Industrialisierung*. Frankfurt a. M. / New York 1991.

Miller, Peter: *Domination and Power*. London / New York 1987.

Morgan, Ivor: *Power and Politics*. London 1999.

Morris, Peter: *Power. A Philosophical Analysis*. Manchester 1987.

Nietzsche, Friedrich: *Briefwechsel. Kritische Gesamtausgabe*. Hrsg. von Renate Müller-Buck [u. a.]. Bd. 2,1. Berlin [u. a.] 1977.

——: *Sämtliche Werke. Kritische Studienausgabe*. Hrsg. von Giorgio

Colli und Mazzino Montinari. 15 Bde. München / Berlin / New York 21988. [KSA.]

Parsons, Talcott: *Zur Theorie der sozialen Interaktionsmedien*. Mit einer Einl. hrsg. von Stefan Jensen. Opladen 1980.

Plessner, Helmuth: *Macht und menschliche Natur. Gesammelte Schriften*. Hrsg. von Günter Dux [u. a.] Bd. 5. Frankfurt a.M. 1981.

Popitz, Heinrich: *Phänomene der Macht. Autorität, Herrschaft, Gewalt, Technik*. Tübingen 1986.

Ptassek, Peter [u. a.]: *Macht und Meinung. Die rhetorische Konstitution der politischen Welt*. Göttingen 1992.

Röttgers, Kurt: *Spuren der Macht*. Freiburg/München 1990.

Russell, Bertrand: *Macht. Eine sozialkritische Studie*. Wien/Zürich 21973.

Schmitt, Carl: *Der Nomos der Erde im Völkerrecht des Jus Publicum Europaeum*. Berlin 1950.

——: *Politische Theologie. Vier Kapitel zur Lehre von der Souveränität*. Berlin 41985.

——: *Gespräche über die Macht und den Zugang zum Machthaber*. Gespräch über den Neuen Raum. Berlin 1994.

Sofsky, Wolfgang: *Traktat über die Gewalt*. Frankfurt a. M. 1996.

——: *Die Ordnung des Terrors. Das Konzentrationslager*. Frankfurt a.M. 1997.

Tillich, Paul: Das Problem der Macht. Versuch einer philosophischen Grundlegung. In: *Gesammelte Werke*. Hrsg. Von Renate Albrecht.

Bd. 2: Christentum und soziale Gestaltung. Stuttgart 1962. S. 193–208.

——: Philosophie der Macht. In: *Gesammelte Werke*. Hrsg. Von Renate Albrecht. Bd. 9: Die religiöse Substanz der Kultur. Schriften zur Theologie der Kultur. Stuttgart 1967. S. 205–232.

Weber, Max: *Wirtschaft und Gesellschaft. 1. Halbband*. Tübingen 51976.

Zenkert, Georg: Hegel und das Problem der Macht. In: *Deutsche Zeitschrift für Philosophie* 43 (1995) S. 435–451.

附录　韩炳哲著作年谱

Heideggers Herz. Zum Begriff der Stimmung bei Martin Heidegger.
Wilhelm Fink, Paderborn 1996.
《海德格尔之心：论马丁·海德格尔的情绪概念》

Todesarten. Philosophische Untersuchungen zum Tod.
Wilhelm Fink, Paderborn 1998.
《死亡模式：对死亡的哲学研究》

Martin Heidegger. Eine Einführung.
UTB, Stuttgart 1999.
《马丁·海德格尔导论》

Tod und Alterität.
Wilhelm Fink, Paderborn 2002.
《死亡与变化》

Philosophie des Zen-Buddhismus.
Reclam, Stuttgart 2002.
《禅宗哲学》（陈曦译，中信出版社，2023 年）

Hyperkulturalität. Kultur und Globalisierung.
Merve, Berlin 2005.
《超文化：文化与全球化》（关玉红译，中信出版社，2023 年）

Was ist Macht?
Reclam, Stuttgart 2005.
《什么是权力？》（王一力译，中信出版社，2023 年）

Hegel und die Macht. Ein Versuch über die Freundlichkeit.
Wilhelm Fink, Paderborn 2005.
《黑格尔与权力：通过友善的尝试》

Gute Unterhaltung. Eine Dekonstruktion der abendländischen Passionsgeschichte.
Vorwerk 8, Berlin 2006; Matthes & Seitz, Berlin 2017.
《娱乐何为：西方受难史之解构》（关玉红译，中信出版社，2019 年）

Abwesen. Zur Kultur und Philosophie des Fernen Ostens.
Merve, Berlin 2007.
《不在场：东亚文化与哲学》（吴琼译，中信出版社，2023 年）

Duft der Zeit. Ein philosophischer Essay zur Kunst des Verweilens.
Transcript, Bielefeld 2009; 2015.
《时间的香气：驻留的艺术》（吴琼译，中信出版社，2023 年，即将出版）

Müdigkeitsgesellschaft.
Matthes & Seitz, Berlin 2010; 2016.
《倦怠社会》（王一力译，中信出版社，2019 年）

Shanzhai. Dekonstruktion auf Chinesisch.
Merve, Berlin 2011.
《山寨：中国式解构》（程巍译，中信出版社，2023 年）

Topologie der Gewalt.
Matthes & Seitz, Berlin 2011.
《暴力拓扑学》（安尼、马琰译，中信出版社，2019 年）

Transparenzgesellschaft.
Matthes & Seitz, Berlin 2012.
《透明社会》（吴琼译，中信出版社，2019 年）

Agonie des Eros.
Matthes & Seitz, Berlin 2012.
《爱欲之死》（宋娀译，中信出版社，2019 年）

Bitte Augen schließen. Auf der Suche nach einer anderen Zeit.
Matthes & Seitz, Berlin 2013.
《请闭上眼睛：寻找另一个时代》

Im Schwarm. Ansichten des Digitalen.
Matthes & Seitz, Berlin 2013.
《在群中：数字景观》（程巍译，中信出版社，2019 年）

Digitale Rationalität und das Ende des kommunikativen Handelns.
Matthes & Seitz, Berlin 2013.
《数字理性和交往行为的终结》

Psychopolitik: Neoliberalismus und die neuen Machttechniken.
S. Fischer, Frankfurt 2014.
《精神政治学：新自由主义与新权力技术》(关玉红译，中信出版社,2019 年)

Die Errettung des Schönen.
S. Fischer, Frankfurt 2015.
《美的救赎》(关玉红译，中信出版社，2019 年)

Die Austreibung des Anderen: Gesellschaft, Wahrnehmung und Kommunikation heute.
S. Fischer, Berlin 2016.
《他者的消失：现代社会、感知与交际》(吴琼译，中信出版社，2019 年)

Close-Up in Unschärfe. Bericht über einige Glückserfahrungen.
Merve, Berlin 2016.
《模糊中的特写：幸福经验报告》

Lob der Erde. Eine Reise in den Garten.
Ullstein, Berlin 2018.
《大地颂歌：花园之旅》(关玉红译，孙英宝插图，中信出版社，2023 年，即将出版)

Vom Verschwinden der Rituale. Eine Topologie der Gegenwart.
Ullstein, Berlin 2019.
《仪式的消失：当下的世界》（安尼译，中信出版社，2023 年）

Kapitalismus und Todestrieb. Essays und Gespräche.
Matthes & Seitz, Berlin 2019.
《资本主义与死亡驱力》（李明瑶译，中信出版社，2023 年）

Palliativgesellschaft. Schmerz heute.
Matthes & Seitz, Berlin 2020.
《妥协社会：今日之痛》（吴琼译，中信出版社，2023 年）

Undinge: Umbrüche der Lebenswelt.
Ullstein, Berlin 2021.
《非物：生活世界的变革》（谢晓川译，东方出版中心，2023 年）

Infokratie. Digitalisierung und die Krise der Demokratie.
Matthes & Seitz, Berlin 2021.
《信息统治：数字化与民主危机》

Vita contemplativa: oder von der Untätigkeit.
Ullstein, Berlin 2022.
《沉思的生活，或无所事事》（陈曦译，中信出版社，2023 年）

Die Krise der Narration.
Matthes & Seitz, Berlin 2023.
《叙事的危机》（李明瑶译，中信出版社，2023 年，即将出版）